STEPHANIE CAMPOS

TODO *va a estar* BIEN

Publicado por
Unilit
Medley, FL 33166

Primera edición 2024

Edición: Ofelia Perez
Cubierta y maquetación: Pablo Montenegro

Producto: 495960
ISBN: 978-0-899-2619-7/0-7899-2619-9

Categoría: Vida cristiana / Crecimiento espiritual / General
Category: Christian living / Spiritual Growth / General

Impreso en Colombia
Printed in Colombia

DEDICATORIA

Con el paso del tiempo, he escuchado muchas historias de personas que están abrumadas, cargadas y que han perdido la esperanza y el entusiasmo por la vida. Hoy les dedico este libro a todos y cada uno de ustedes. Es mi mayor anhelo animarlos para que no tiren la toalla; se vale descansar, pero jamás rendirse.

Creo profundamente que mientras haya vida, hay esperanza. Por eso les dedico cada capítulo para que puedan renovar sus fuerzas y recobrar la pasión por estar con vida. Sé que cada día trae su propio afán, pero también sé que la vida es bella y que, si aprendemos a soltar y a confiar en Dios, podremos experimentar la gran bendición de vivir un día a la vez, sin prisa ni carga.

A ti que hoy estás sobreviviendo, te dedico este libro.

A ti que eres feliz, vives en plenitud y paz, te dedico este libro.

A ti que has experimentado el dolor y la pérdida, te dedico este libro.

A ti que estás angustiado y luchas con la depresión o la ansiedad, te dedico este libro.

A ti, que al igual que yo deseas vivir en el propósito de Dios y en la paz que solo Él da, te dedico este libro.

Disfrutemos el viaje en cada página.

AGRADECIMIENTOS

Quiero agradecer profundamente a Dios, pues a través de su gracia en Cristo, me ha permitido conocer su amor y aceptar el gran propósito que es llevar esperanza y bendecir a otros a través de los talentos y dones que me ha confiado.

Agradezco a cada persona que me ha permitido acompañarle en el hermoso viaje de la vida por medio de las redes sociales, un libro, una conferencia o un proceso de *coaching*; ustedes son la razón de cada una de estas letras escritas en este nuevo libro. Desde el primer día, le he pedido a Dios que me guíe para que todo el material sea de bendición y traiga luz a sus vidas.

Agradezco a mis padres, familia, líderes espirituales, amigos y a cada persona que ha creído en mí, que por medio de sus oraciones me abrazan y me motivan a seguir adelante. Gracias por ser bendición y soporte en mi vida.

Gracias a toda la familia de Editorial Unilit por la confianza y el apoyo para publicar este libro. Me llena de gozo el que unamos nuevamente esfuerzos y sigamos cambiando vidas para la Gloria de Dios.

¡Gracias por tener este libro en tus manos! Estoy orando para que en cada página encuentres la esperanza que necesitas y aprendamos juntos a vivir un día a la vez.

CONTENIDO

INTRODUCCIÓN

Quizá has escuchado la frase «un día a la vez». De primera entrada esto pareciera fácil expresarlo; sin embargo, es un camino que elegimos cada día y que a la vez podría verse influenciado por las vivencias que tenemos.

Creo que la vida es un regalo de Dios. Sin embargo, también soy consciente que está llena de desafíos y de momentos que podrían causarnos dolor, ansiedad, estrés, temor y muchas cosas más que interfieren en el disfrute del día.

En medio de los desiertos es donde podemos recordar una verdad absoluta: Dios nos ama, nos cuida y tiene el control de todo, aun de aquello que ante nuestros ojos pareciera ser el caos completo. Su plan siempre será mejor que el nuestro.

Disfrutar de un día a la vez a pesar de la adversidad es posible cuando cultivamos de manera intencional nuestra fe y descansamos en las promesas que Dios, como un Padre bueno que es, nos da.

A través de las siguientes páginas iniciamos un viaje que nos enseñará a encontrar ese descanso emocional, espiritual y físico que necesitamos hoy, gozando al máximo de la vida. Es mi deseo que logres descubrir el sentido a lo que haces y vivas en plenitud.

CAPÍTULO 1

EL VALOR DE LA VIDA

Así que no temas, porque yo estoy contigo; no te angusties, porque yo soy tu Dios. Te fortaleceré y te ayudaré; te sostendré con la diestra de mi justicia.

ISAÍAS 41:10

FRASE DE INSPIRACIÓN:

¡NO ESTOY SOLO!

A lo largo de la vida he elegido creer en el propósito más allá de las casualidades. Aceptar la verdad de que en medio de todo hay un plan, ha sido algo que me ha llenado de paz, esperanza, confianza y fe en medio del desierto. A la vez soy consciente que, aunque parece hermoso leerlo o decirlo, es todo un desafío en nuestra humanidad, porque cuando el dolor toca a la puerta de nuestra vida o familia, es fácil perder el enfoque. Sin embargo, es ahí donde debemos conectar nuestro corazón con el cielo de una forma intencional.

Sé que tanto tú que lees este libro, como yo que lo escribo, estamos enfrentando diferentes procesos, pruebas y adversidades en este preciso momento. Los tiempos desafiantes son parte de la vida. No solo vendrán una vez, sino en diferentes etapas; es por eso que elegir enfrentarlos con fe nos ayudará a desarrollar resiliencia.

También he pasado por el dolor, la soledad, la ansiedad, la depresión, la frustración, y he tenido momentos cuando he perdido en cierta forma la fe y la esperanza ante la vida. Sin embargo, aun en medio de la noche más oscura y del desierto más árido, hay alguien que me susurra suavemente al corazón una y otra vez que está conmigo y que jamás me dejará. Ese es Dios, y esas mismas palabras te las dice hoy por medio de las páginas de este libro, que ha nacido para llevar esperanza en el desierto de la vida y enseñarnos a vivir un día a la vez.

Tengo varios años de trabajar de cerca con las personas, de escuchar historias de vida y ver cómo en ocasiones el corazón del ser humano va tan cargado y dolido, que le impide vivir al máximo. Esta es la razón por la que nació este libro. Créeme que yo también he querido desaparecer muchas veces. Sin embargo, siempre hay una luz de esperanza que se levanta y que susurra suavemente: *No estás solo*.

Los afanes, las carreras y las demandas de este mundo muchas veces nos desenfocan, nos amargan y nos roban el sentido de vida. Por eso vale la pena detenerse y empezar a vivir con dos términos e ideas que usaré mucho en estas siguientes páginas: estado de consciencia y el ser intencionales. En la vida, ambos son claves para que logremos bajar la ansiedad y buscar la paz que tanto anhela nuestro corazón.

A pesar de que estamos en la era de la conexión tecnológica, también estamos en una gran desconexión con Dios, con nosotros mismos, con nuestro propósito y con los que nos rodean. Es tan grande la demanda por ser tan «exitosos», que hemos dejado de lado el disfrutar los detalles y darnos cuenta que la vida es mucho más que dinero, posición, fama, estatus, bienes materiales y «marcas» en una lista de deseos y presiones sociales.

Varias veces me he encontrado presionada por la idea de que tengo que producir, que ya casi tengo cierta edad y debo cumplir con las demandas sociales en aquello que ya «debería tener». Esto me ha llevado en ocasiones a trabajar de más, sentirme frustrada, presionada e irme poco a poco desconectando de aquello que sí es valioso, más que lo material. Precisamente en este momento de mi vida decidí hacer pausas intencionales, establecerme metas para ser productiva, pero a la vez con límites en horarios y compromisos. He entendido que solo se vive una vez y que debo aprovechar mi etapa de vida no solo para poseer, sino para ser y disfrutar sobre todo.

¿Te ha pasado lo mismo? Si tu respuesta es sí, qué bueno que estás leyendo este libro. Juntos vamos a descubrir cómo vivir realmente con paz y propósito. Es urgente que aprendamos a detenernos, a respirar profundo y que podamos conectar con el valor tan maravilloso que tiene la vida.

Cada año millones de personas en todo el mundo eligen quitarse la vida al considerar que ya no vale la pena vivir. Si hoy estás pensando en esta dirección, te quiero pedir que te detengas. La vida es un regalo del cielo. Mientras haya vida y respires, hay esperanza para salir adelante. Por más oscuro que veas todo a tu alrededor, siempre habrá una luz que se levanta y un amor perfecto que espera por ti: el gran amor del Padre.

Desde muy joven tuve la oportunidad de conocer a Jesús. Haberlo aceptado como mi Señor ha sido la mejor decisión, ya que no se trata de religión, sino de relación. En Él mi vida cobró sentido y logré encontrar ese gran valor; por eso me convertí en una apasionada de comunicar esperanza a donde vaya, y deseo que en medio de cada página logremos avanzar juntos en esta hermosa aventura de la vida.

EL AMOR QUE CAMBIA TODO

Una de las necesidades psicológicas básicas del ser humano es sentirse amado. Esto genera en nosotros seguridad y confianza, las cuales son, sin duda, dos elementos básicos para el disfrute de la vida. En ocasiones, podríamos decir que ese sentirnos amados por los demás se refiere a acciones concretas o palabras dichas antes de que tengamos ese sentimiento; es decir, el sentirnos de esa manera es la respuesta a un estímulo dado por otra persona.

«Es urgente que aprendamos a detenernos, a respirar profundo y que podamos conectar con el valor tan maravilloso que tiene la vida».

Nos sentimos amados cuando nos aman. Recordemos que somos seres psicosociales y el tener esta carencia nos puede llevar a sentirnos abandonados, olvidados, tristes, solos, entre muchas cosas más y, por tanto, a tener afectación emocional y física.

En la primera infancia (de 0 a 5 años), los niños reciben una mayor influencia de su entorno; además, su cerebro se desarrolla notablemente. Es acá donde los padres tienen un papel fundamental en cuanto a la manera de expresar amor y hacer sentir amado a su hijo. Si desde pequeños tenemos esa carencia y no es satisfecha, con el paso de los años la necesidad de afecto o la sensación de abandono irá en aumento, llevando a la persona en su adolescencia o adultez a tomar decisiones poco asertivas y, la mayoría de las veces, a mendigar amor sin lograr saciar la necesidad de amor real.

En una sesión, recuerdo que escuché la historia de Ana María, una joven adulta que se había involucrado en relaciones tóxicas buscando desesperadamente ser amada. Evidentemente esa necesidad no era satisfecha. Por el contrario, cada vez que terminaba la relación se sentía vacía, sola, utilizada, con baja autoestima. Una y otra vez el pensamiento de *cuándo encontraré a alguien que me ame de verdad* rondaba por su cabeza trayendo más dolor emocional. Recuerdo que en una conversación que tuvimos, me comentó que su padre la abandonó cuando tenía tres años, lo cual la marcó y generó en ella esa necesidad de ser amada y aceptada. Sin embargo, buscarlo en el lugar equivocado ocasionó que su vacío fuera cada vez mayor y que su necesidad nunca fuera satisfecha.

La mayoría de nosotros venimos de hogares disfuncionales de una u otra forma, por lo que desde pequeños hemos estado expuestos a carencias emocionales que hacen que crezcamos con grietas en nuestro corazón, las cuales con el pasar de los años y las experiencias de la vida se pueden hacer cada vez más profundas.

Cada vez que atiendo a las personas en sesiones y escucho cientos de historias, me doy cuenta de que la mayoría de los seres humanos hemos tenido heridas emocionales desde pequeños, y aunque los años pasen, siguen abiertas y sangran si no se busca sanar. Lo que no se sana, se repite.

Por eso es urgente que tengamos un encuentro con Aquel que es la Vida y el Amor. Solo así nuestro corazón podrá ser sanado, restaurado, y la necesidad de ser amados podrá ser cubierta completamente y para siempre.

> *—Yo soy el camino, la verdad y la vida —contestó Jesús—. Nadie llega al Padre sino por mí.* (Juan 14:6)

Si te preguntara hoy: «¿Eres feliz? ¿Realmente disfrutas tu vida? ¿Vives o sobrevives?», ¿cuáles serían tus respuestas? Quiero invitarte para que medites en eso, porque estoy segura que deseas vivir a plenitud, sintiéndote libre de toda culpa, carga, vacío y dolor emocional.

La vida es todo un regalo, pero para disfrutarla debemos hacer las paces con el pasado, soltar, perdonar y enfocarnos en lo que está por delante. Las heridas y las carencias de afecto hacen que esto solo sea una «idea bonita» y no una realidad. Por eso necesitamos sanar.

Sin embargo, la buena noticia de hoy es que Jesús, quien es el camino, la verdad y la vida, está aquí para sanarte y darte vida, y vida de verdad, y así llevarte al Padre.

El ladrón no viene más que a robar, matar y destruir; yo he venido para que tengan vida y la tengan en abundancia. (Juan 10:10)

Esa vida abundante, de la que nos habla la Biblia, es la que Él tiene para ti. La gran pregunta es: ¿la quieres recibir?

Una vez que hemos recibido la vida, necesitamos llenar nuestro tanque emocional y sentirnos que tenemos propósito; esto lo alcanzamos cuando tenemos un encuentro con el amor del Padre.

«Lo que no se sana, se repite».

En todos estos años, he visto cómo las personas se relacionan con Dios como el Ser Supremo, el Señor, el Pastor, el Amigo... pero no todas lo conocen como Padre. La mayoría de las veces es porque al haber tenido una relación no sana con el padre o madre terrenal, transferimos indirectamente esa imagen a nuestro Padre celestial, dificultando que tengamos una relación cercana y de confianza de hijo a Padre. Nos cuesta creer que somos amados y que nunca nos ha abandonado.

Carlos fue un caballero con el cual trabajé un proceso de sanidad emocional. Él creció con su padre, quien era muy estricto y no toleraba el más mínimo error. Cada vez que

Carlos se equivocaba o hacía alguna travesura de niño, era castigado con severidad y recibía palabras hirientes. Al crecer, tuvo que enfrentarse a una búsqueda excesiva de aprobación de las personas hacia sus acciones, inseguridad, y no lograba ver a Dios como un Padre amoroso, perdonador y misericordioso, por todo lo vivido con su padre terrenal. Luego de un proceso, logró perdonar a su papá y ver a Dios como lo que es: un Padre amoroso y paciente. Más adelante, no solo a través de mi testimonio, sino profundizando en el modelo de paternidad que Dios creó, conocerás la importancia de reconocer a Dios como nuestro Padre.

APLICACIÓN DE LO APRENDIDO

¿De qué le sirve a uno ganar el mundo entero si se pierde la vida? (Marcos 8:36).

AFIRMACIONES POSITIVAS:

- Hay un plan para mi vida.
- Este desafío va a pasar.
- El proceso me hace crecer.
- No estoy solo.
- El amor del Padre me rodea.
- Suelto mi pasado y me enfoco en lo que viene.
- Agradezco la vida que tengo hoy.

1. ¿Crees qué tienes un propósito en esta tierra?

2. ¿Cuál es el desafío más grande que tienes hoy?
3. Haz una lista de esos momentos difíciles de los que lograste salir, ¿qué aprendiste?
4. ¿Estás disfrutando de la vida?
5. ¿Te sientes hoy amado por Dios?
6. ¿Qué necesitas sanar en tu corazón?
7. ¿Puedes ver a Dios como tu Padre?

ORACIÓN

Señor, hoy te agradezco la vida que me regalas. Elijo creer que soy amado, que tengo un Padre que me cuida y que sus planes para mí son de bien. Quiero agradecerte por todas las bendiciones que me das. Además, gracias por tu gran amor que es capaz de curar las heridas de mi corazón.

Dios, tú sabes cuales son las luchas o los desafíos más grandes que tengo en este momento. Por eso te pido que tu perfecto amor me abrace y quite de mí todo temor. Acepto la vida y me dispongo para tener un corazón receptivo y más que listo para que me guíes a toda verdad. Te pido que en cada página de este libro encuentre fuerza y esperanza. En el nombre de Jesús te lo pido, amén.

CAPÍTULO 2

EL AMOR QUE FORTALECE Y PROTEGE EN LAS CRISIS

Aun cuando yo pase por el valle más oscuro,
no temeré, porque tú estás a mi lado.

SALMO 23:4, NTV

FRASE DE INSPIRACIÓN

¡ME CONSUELA EL BÁLSAMO DEL AMOR DEL PADRE!

Creer que nacimos como respuesta a un propósito es algo que nos da fuerzas internas para continuar. Es doloroso escuchar a alguien decir que ha perdido el sentido para vivir, que desea morir y que acabe todo el dolor que lleva por dentro. Hoy en día la depresión, la ansiedad, el estrés crónico, la soledad, la culpa, el temor, entre muchas cosas más, nos están robando el brillo y la ilusión para vivir. Podemos tener la fe más firme, pero hay aflicciones que nos estremecen tanto que tenemos que detener las consecuencias que causan en nosotros. Hay que buscar ayuda y no acostumbrarnos a que sean parte de nuestro diario vivir. Yo la busqué ante una crisis larga, inesperada y desesperante, y junto a Dios, la superé. Reajusté mi vida a las circunstancias y escribí este libro para ayudarte a enfrentar cualquier crisis en la que estés.

UN DESIERTO INTERMINABLE

Sufrí meses en un gran desierto cuando el dolor tocó a la puerta de mi familia. En ese tiempo me tocó enfrentar muchos días cuando sentía que en mi humanidad no podía más; el cansancio mental, emocional y físico fueron agotadores. Muchas veces me peleé con Dios, y debo admitirlo. No sé si a ti te ha pasado, pero por largas noches le reclamé, y entre lágrimas le decía que me ayudara, que era injusto lo que estaba pasado.

Pensaba en qué había hecho algo malo para estar recibiendo ese «castigo...». Muchas veces sentía que Dios me había dejado, que mis oraciones no pasaban del techo. Sentía también una tristeza y una soledad profundas, lo que me llevó a tener ansiedad e insomnio. Con esto aprendí que, aunque seamos creyentes, no somos inmunes al dolor y seguimos siendo humanos.

Esta es mi historia. En la actualidad, vivo con mis papás, que ya son personas mayores. Siempre he estado a cargo de su cuidado, proveyendo desde el sustento económico hasta cumplir con sus citas médicas y estar pendiente de los cuidados diarios. Yo trabajo a tiempo completo.

Dios ha venido trabajando mucho conmigo en cuanto a la familia, ya que he enfrentado diferentes episodios de enfermedades en mis padres. Siempre me ha tocado ser la «fuerte», estar para todos y resolver. Las crisis de enfermedades cuando los padres son mayores provocan cambios a largo plazo y adaptaciones a nuevas rutinas de vida. Primero se requiere fortaleza y entereza para enfrentar la crisis inicial, y luego necesitas templanza para lidiar con la manera en que nos cambian el diario vivir.

Mi madre presentó un deterioro muy grande en su salud hace unos cuatro o cinco años. Con el paso del tiempo, empezó a sufrir de infartos y un derrame cerebral que la dejó con muchas limitaciones y afectaciones físicas. Se agravó la situación para mi papá y para mí, ya que ella necesitaba apoyo para absolutamente todo. Fue un tiempo de mucho cansancio emocional y físico; yo tenía que atenderla a tiempo completo en todas sus necesidades. Llevarla a la ducha era todo un caos, ya que ella no se sostenía bien y es muy pesada. Ver esos cambios tan fuertes en mi mamá, luego de haber sido una mujer trabajadora, muy esforzada y una excelente madre, me dolían muchísimo. Además, físicamente era agotador, pues yo también tenía que seguir con mi trabajo y no teníamos los medios económicos para contratar a alguien que la cuidara.

Después de ese evento todo empezó cuesta abajo. Cada vez que iba con mi mamá al médico tenía que escuchar los detalles de cuán deteriorada estaba su salud, y cómo esto iba afectando su cuerpo: presión alta, diabetes y un severo daño en el corazón. Cada cita era un gran dolor emocional para mí; escuchar que tu mamá está tan mal es superfuerte y me generaba mucho temor. Cuando escuchaba todo eso, lloraba en silencio para que ella no me viera y me tocaba darle ánimo, sin importar como yo me sintiera y decirle: «Confiemos en Dios, todo estará bien».

Dada la situación de su salud y en especial de su corazón, pues tenía insuficiencia cardiaca, sufría crisis, todas durante la madrugada. Cuando mi papá abría la puerta de mi cuarto y me gritaba desesperado: «Venga, pues su mamá está mal», yo salía corriendo; y cuando llegaba a verla, estaba infartada. Yo corría, llamaba al 911 para dar todo el informe y orar para que llegaran a tiempo. Muchas veces salí desesperada a la calle a gritar y correr por la ambulancia. Una vez que la revisaban y decían que tenían que llevársela, yo solo me montaba con ella en la ambulancia, le agarraba su mano, lloraba y oraba pidiendo misericordia.

En todas las emergencias, nunca sabía si esos eran los últimos momentos que iba a estar con ella; era tal la angustia y un gran sentimiento de impotencia y soledad. Cuando llegábamos al hospital, los médicos corrían al verla tan mal. Yo solo podía dar algunos datos y veía cómo se la llevaban. Ya en ese momento me tenía que retirar del hospital. Recuerdo que eran entre las dos y las tres de la madrugada y yo estaba fuera del hospital, sola y llorando mucho. Me tocaba tomar un taxi, lo cual también me daba miedo. Al llegar a casa, era grande la angustia de no saber más de ella, hasta el día siguiente que nos daban el informe. Todo esto pasó en medio de la pandemia, lo cual empeoraba mi angustia, porque no había acceso al hospital para visitas. Esto se repitió por lo menos ocho veces, cada una de las cuales fue peor para mí.

Uno de los sustos más grandes que me llevé fue cuando en un laboratorio le hicieron unos exámenes de sangre y me mandaron a llamar. Prácticamente me dijeron: «Lleve a su mamá a urgencias, tiene el azúcar en 1000 y está a punto de sufrir un infarto». Sentí tanto temor, que la llevé rápido a la clínica y los médicos estaban sorprendidos. Nos enviaron a un hospital y prácticamente me dijeron: «Ella no está bien y no creemos que se salve». Cuando escuché eso, sentí algo muy feo en mi cuerpo, salí del hospital, me senté en una banca a llorar desconsoladamente. Así pasé muchos días. A nivel emocional fue tan fuerte que también tuve afectaciones físicas. El estrés me hizo subir de peso, se me empezó a caer el cabello y el insomnio era fatal.

Recuerdo que, en un momento, en un pasillo solo y frío dije: «¿Qué pasa si mi mamá muere?». En ese momento, desde lo más profundo de mi ser, dije: «Señor, que se haga tu voluntad, yo te entrego a mi mamá».

El tiempo pasó con sus altibajos. Para una fecha quise organizar un paseo familiar, invité a mis padres, mi hermano y mis tíos, que son como mis segundos padres. Íbamos muy felices, disfrutamos momentos hermosos... hasta que la noche antes de regresar, dije: «Mami, quiero dormir con usted». Mi papá se fue a otro cuarto. En la madrugada, me desperté y en ese momento sentí un frío muy grande y una presencia horrible espiritualmente hablando. Oré y recuerdo que dije: «Dios, aquí no, por favor», pensando en que mi mamá tuviera una crisis, y que estábamos muy lejos de la casa y no conocía hospitales cerca.

Yo empecé a escuchar que mi mamá tenía un ruido extraño en el pecho y de inmediato me di cuenta de que algo le estaba pasando. Esa noche tuvo una de las peores crisis. Llamamos la ambulancia, y yo me fui con ella; estaba realmente muy mal. Primero fuimos a una clínica y luego la pasaron a un hospital; íbamos con un médico y dos enfermeras. Yo iba viendo todo, solo podía orar y orar. En ese momento estaba viendo a mi mamá morirse ante mis ojos. Ir en una ambulancia, a altas velocidades, con mi mamá casi muerta y el sonido de la sirena, fue de los peores momentos que he vivido en mi vida.

Cuando llegamos al hospital, una vez más quedé sola fuera. Ahí fue peor, porque literalmente no sabía dónde estaba.

Pasé toda la madrugada en una banca, llorando y orando, hasta que a las seis de la mañana salió una doctora y me dijo: «Muchacha, mejor se va, su mamá está mal y de acá la enviaremos a un hospital cerca de la capital». A eso de las siete de la mañana, mi familia llegó al hospital a recogerme y nos regresamos a la casa. Ella estuvo ingresada seis meses esperando una operación. Ese tiempo fue terrible, pues por el problema de la pandemia yo no podía entrar al hospital a ver a mi madre y eso me aumentaba la angustia.

Me tocó cuidar a mi papá que, por tanto estrés en medio de la crisis de mi madre, sufrió un derrame cerebral. Corrí al hospital con él. El mismo día tenía a mi papá en urgencias y a mi mamá en el quinto piso del mismo hospital.

Luego de estar con él veinticuatro horas en el hospital, mi cuerpo no podía más, por lo que le dije: «Papi, necesito ir a la casa, comer, bañarme y dormir un rato». Él, con lágrimas en sus ojos, me dijo: «Sí, está bien».

Cuando salí del hospital, tomé un taxi y empecé a llorar y llorar; era un día de mucha lluvia. En mi mente, me decía: «Soy mala hija, dejé a mi papá solo en el hospital». Poco a poco empecé a sentirme muy mal. Al verme, el taxista me dijo:

—¿Estás bien?

—No, no lo estoy, déjeme aquí, necesito bajarme.

En mi mente estaba la idea de regresar al hospital.

—No, no se quede aquí, mejor siga a donde va.

—No, déjeme aquí —le insistí.

En ese momento tuve un fortísimo ataque de pánico; mis nervios estaban destrozados. Me bajé del taxi bajo la lluvia, empecé a caminar sin rumbo por las calles; solo lloraba bajo la lluvia. En un instante, Dios me envió ayuda del cielo y una amiga que es psicóloga me llamó. Al escucharme tan mal se dio cuenta de lo que estaba pasando, y me guio hasta que logré entrar a un McDonald. Me senté, me tranquilicé y volví a tomar un taxi para ir a la casa de mis tíos. Necesitaba un lugar seguro.

En todo este proceso estuve sola; no contaba con nadie. Mis tíos sí fueron un gran apoyo, pero igual son personas mayores. Mis amigos estaban ahí, pero todo esto me tocó enfrentarlo sola, quizá porque así fue el proceso o porque me faltó pedir ayuda; aún no lo sé bien. Por otro lado, hay que considerar que, aunque los amigos apoyen y escuchen, solamente a ti te corresponde hacer lo que hay que hacer, pues son situaciones muy personales y complejas.

Cuando llegué a la casa de mis tíos, me di un baño y lloré tanto hasta que me tiré al piso y me acosté en posición fetal. Ese día le dije al Señor que ya no podía más, que había tratado de ser fuerte, tener fe, creer, pero que en ese momento ya la carga era demasiado dura. Yo veía a mis amigos tener una vida tranquila, disfrutar a sus papás, mientras yo tenía que correr de hospital en hospital, y vivir la zozobra que produce ver la incertidumbre entre la vida y la muerte.

Esa misma noche a mi papá le dieron el alta. Luego vino el proceso de recuperación, ya que su ojo izquierdo quedó afectado por completo debido al derrame. Tuve que llevarlo al médico y a terapia. Seis meses después su ojo estaba completamente normal, gracias a Dios. Comencé a ver respuestas a mis oraciones y paz en mi corazón.

Mi mamá recibió la operación en su corazón, le colocaron un marcapasos, pero ese tiempo de espera fue fatal. Mientras estuvo ingresada tuvo muchas crisis y afectaciones, y el no poder verla seguía siendo un peso aún mayor. Ella entró caminando al hospital y salió en silla de ruedas por estar tanto tiempo ahí y no tener terapia, pues el hospital estaba colapsado por el COVID y no pudieron darle atención personalizada. Tuvimos que hacer muchos arreglos en la casa y, hasta el día de hoy, requiere ayuda en todo por su condición.

Tenemos que bañarla, llevarla al baño, cambiarle pañales, darle medicamentos, cuidar su recuperación. En fin, la lista es muy larga y pesada. Mi papá y yo ya veníamos cansados del proceso y esta consecuencia lo hace todo más fuerte. Ahora es luchar, ya no solo con su salud, sino con la nueva condición de su movilidad y el estado de ánimo, ya que verse en silla de ruedas es muy difícil para ella, a nivel emocional. Este proceso continúa hasta la fecha.

Mi vida ha cambiado, pero hoy, gracias a Dios, hemos logrado acomodarnos mejor. Mis papás están bien; no han presentado más crisis hasta el momento. A pesar de que mi papá tiene un diagnóstico de cáncer de próstata, se encuentra estable.

En medio de todo esto me sentí muy triste, cansada, frustrada, desesperada, y hubo muchos momentos donde mi fe fue afectada. Sentía que todas las cosas malas se venían una tras otra. Sin embargo, también vi a Dios abriendo camino, haciendo conexiones divinas y ayudándome a comprender muchas cosas, como estas que te comento a continuación:

- Hay circunstancias que vamos a vivir que no podemos controlar, y debemos aprender a soltar y confiar en el Dios de amor que tenemos.
- Debemos aprender a vivir el hoy. Mañana Dios dirá (esto inspiró este libro ligado al punto anterior). Hay que vivir un día a la vez.
- Todo pasa.
- En medio de la soledad y el temor, Dios es suficiente.
- Mis papás son de Dios, no míos, y cuando ya no estén conmigo, Dios sí estará.
- Cuando pensaba en lo que haría si pasaba esto o lo otro, encontré una frase que, sin llevarme a la mediocridad, fue como un alivio en el momento de dolor y es: «En su momento se resolverá, ya que el exceso de futuro crea ansiedad». Esta frase me llevó a creer que venga lo que venga, Dios me dará la capacidad de resolver y enfrentar.

Cuando recuerdo todo ese desierto, es imposible no llorar. Sin embargo, hoy lo hago con gratitud y esperanza, porque al mirar atrás veo que Dios siempre estuvo ahí, aun cuando yo no era capaz de verlo. La bondad y el amor del Padre son inamovibles.

APLICACIÓN DE LO APRENDIDO

El Señor mismo marchará al frente de ti y estará contigo; nunca te dejará ni te abandonará. ***No temas*** *ni te desanimes.* (Deuteronomio 21:8)

«En su momento se resolverá, ya que el exceso de futuro crea ansiedad».

AFIRMACIONES POSITIVAS:

- En las fuerzas del Espíritu Santo, lo supero todo.
- En las crisis, Dios siempre llega a tiempo.
- Sabemos que Él está a cargo, aunque no lo veamos ni lo sintamos.
- Lo difícil que me toque vivir son lecciones que me hacen crecer.
- Cuando abrimos los ojos espirituales, vemos los ángeles de Dios aliviando nuestra carga.

1. ¿Has pasado o estás pasando por una situación de enfermedad de tus padres, o un ser querido cercano, que estremeció tu vida?
2. Por esa situación, ¿llegaste a desesperarte tanto que clamaste a Dios y no sentías su intervención?
3. ¿Te sentiste solo e indefenso? ¿Cómo recuperaste las fuerzas y la estabilidad de tu mente?
4. En medio de todo, ¿cómo se te reveló la intervención divina?
5. Escribe siete lecciones que recibiste de Dios cuando lograste superar o se estabilizó la situación.

ORACIÓN

Padre amado y misericordioso, te doy gracias, primero porque mis amados superaron sus crisis de salud. Sabemos que sus vidas han cambiado, igual que la mía, por la evolución natural de los hechos. Pero tú eres bueno, y yo te creo a ti y creo en ti. Descanso en tus fuerzas y en tu sabiduría para que mi humanidad atienda todo a mi alrededor con la inspiración y la dirección de tu Santo Espíritu, y me ayude a no olvidar que tu poderosa presencia me acompaña siempre. En el nombre de Jesús, amén.

CAPÍTULO 3

¿QUÉ VALOR TIENE LA VIDA PARA TI?

Pero de una cosa estoy seguro: he de ver la
bondad del SEÑOR en esta tierra de los vivientes.

SALMO 27:13

FRASE DE INSPIRACIÓN

¡MIENTRAS HAYA VIDA, HAY ESPERANZA!

Hoy quiero invitarte para que reflexiones en esta significativa pregunta: «¿Qué valor tiene la vida para ti?». Todo lo que es valioso para nosotros, lo cuidamos con gran pasión.

Amigo, no pierdas el sentido de la vida, y si por alguna razón lo has hecho, hoy te invito para que juntos, con la guía de Dios, avancemos en estas páginas para recobrarlo. Te lo dice alguien que, como has leído, ha pasado por el dolor: todo pasa y siempre se puede salir adelante.

Porque donde esté tu tesoro, allí estará también tu corazón (Mateo 6:21).

¿Cuál es tu mayor tesoro? ¿Dónde está tu corazón? Estas son preguntas importantes para replantearse, recobrar el brillo personal y el sentido de la existencia.

La vida no siempre es como uno quiere que sea, pero es hermosa. El dolor nos enseña a ser fuertes y genera en nosotros resiliencia. Para disfrutar de cada día, debemos valorar lo que sí tenemos y dejar de lado la queja, la autocompasión.

Tiempo para llorar y tiempo para reír; tiempo para estar de luto y tiempo para bailar (Eclesiastés 3:4).

La Biblia nos enseña que todo lo que se quiere debajo del cielo tiene su tiempo y su hora. Vamos a tener diferentes temporadas y épocas, y en cada una de ellas somos formados. El sufrimiento es parte de la vida, pero quedarse estancado es nuestra decisión. Todos vamos a tener tiempos de luto, pérdida y llanto, pero también vendrá el momento de reír, de paz y de saltar con gozo por todo lo que está pasando en nuestra vida y familia. Sea uno u otro escenario, hay una verdad absoluta: Dios es bueno siempre, y nunca dejará de estar presente en cada temporada.

«El sufrimiento es parte de la vida, pero quedarse estancado es nuestra decisión».

Por eso la madurez espiritual nos enseña que, sin importar lo que pasemos, se vale descansar, sentir el dolor, la tristeza, llorar y hasta enojarse, pero luego hay que levantarse, limpiarse el rostro y seguir creyendo. Cuando una persona pierde la fe y la esperanza, lo pierde todo.

Por eso, a pesar de lo que hoy estás viviendo, busca alimentar el sentido de vida.

Otro elemento que nos roba la capacidad de disfrute es la comparación. Siempre habrá personas que tienen más que nosotros, pero en lugar de estar viendo todo eso y darle campo a la envidia, debemos valorar todo lo que sí tenemos y colocar gratitud en nuestros corazones cada día.

Esto nos generará beneficios emocionales, físicos y sobre todo espirituales.

En ese proceso que pasé, tuve que estar largas horas y días en el hospital asistiendo a mi madre. Ahí vi el dolor físico y emocional en muchas personas. Creo que el ir a esos lugares nos ubica como seres humanos y se nos recuerda que la vida es frágil, que nuestros cuerpos, aunque son una maravillosa creación de Dios, son débiles y pueden enfermar. Cuando llega el dolor, no importa el título académico, el lugar de residencia, la marca de auto que tengamos ni las marcas de ropa que usemos, todo pasa a un segundo plano y ya no importa nada material. No quiero decir que sea malo tener todo eso. Si lo podemos disfrutar, es maravilloso, pero la invitación es a no poner nuestra valía ahí o dejar que el afán venga a nosotros por no tener algo, y que eso nos robe la capacidad de vivir al máximo.

Ese tiempo de dolor y tristeza generó en mí mucho temor al qué pasará o que podría venir en el futuro. Fueron muchos meses de carreras, ambulancias, diagnósticos negativos (escucharlos una y otra vez era como si me metieran espadas en el corazón). A pesar de eso tenía que ser «fuerte» y me cansaba más.

En medio de las presiones de la vida es fácil desenfocarse y dejar de lado lo que es verdaderamente importante, y que nos sostiene cuando el dolor o la adversidad llegan.

Cuando pensamos: *¿Qué le da valor a mi vida?*, podemos tener esa autoconsciencia de encontrar la razón por la cual quizá en los últimos años de nuestra vida no hemos sido felices. Saber lo que nos causa dolor nos permite tomar acción y sanar. Lo que no se vale es quedarse en la silla de víctima de por vida.

En el mundo existen cinco «Zonas Azules» donde habitan personas con más de cien años de edad que están en óptimas condiciones. En Costa Rica tenemos una de ellas en la región de Nicoya, la cual pertenece a la provincia de Guanacaste (si aún no has visitado mi país, te invito, te va a encantar, pues es bellísimo)[1].

«Cuando una persona pierde
la fe y la esperanza,
lo pierde todo».

Esto ha despertado mucha curiosidad sobre cómo es el estilo de vida de una persona para llegar a esa edad sin quizá recurrir tanto a la medicina tradicional, ya que además de su longevidad cuenta con mucha salud. Este tema ha provocado muchos reportajes, entrevistas y opiniones, pero los expertos atribuyen esas características de longevidad y salud a la alimentación y a una vida activa, a la vez sencilla

1 Consultado en línea: https://www.nationalgeographicla.com/ciencia/2023/09/las-5-zonas-azules-donde-viven-las-personas-mas-sanas-y-longevas-del-mundo.

y relajada. Acá aplica que «menos es más». Aparentemente, estar lejos de la Gran Área Metropolitana les ha dado la ventaja de gozar de la tranquilidad y la paz que se vive en esos lugares más rurales.

El estrés es uno de los peores enemigos de encontrar el valor de la vida. Hemos delegado ese valor a que necesitamos producir, hacer o tener, para sobresalir y tener disfrute, dejando de lado los pequeños, pero grandes detalles que Dios tiene para nosotros.

Tener un claro, pero profundo, valor de la vida más allá de lo material o relacional, es lo que nos dará el sentido para que cada día enfrentemos los retos o desafíos con fe, esperanza y firmeza. La vida es bella, es un regalo de Dios. Él sabe lo que pasó, lo que es y lo que vendrá.

> *Tus ojos vieron mi cuerpo en gestación: todo estaba ya escrito en tu libro; todos mis días se estaban diseñando, aunque no existía uno solo de ellos* (Salmo 139:16).

Este versículo siempre me ha llamado la atención cuando medito en que los ojos de Dios y su dulce mirada de amor, estaban ahí cuando era formada. Piensa por un momento en eso. Él no te hizo en serie, te hizo en serio. Su atención plena estaba en tu formación, donde se te asignó una misión, un propósito y una razón suficiente para que puedas recobrar el sentido de la vida: has sido amado y elegido desde el inicio.

No importa quién te ha despreciado, engañado, abusado, lastimado, mentido y utilizado. Dios, en su inmenso amor, te ha elegido y tiene un plan para ti. Te aseguro que el día que lo creas, tu vida cambiará para siempre.

EL VALOR DE LA PATERNIDAD

Reitero que en todo ser humano las figuras paterna y materna tienen un papel fundamental e influyen directamente en su formación como personas. Es ahí donde todo niño recibe, en su primera infancia, bases importantes que le sostendrán por el resto de su vida, según indiqué anteriormente.

Asuntos como la seguridad, la confianza, la independencia, los valores sociales y morales, así como la interacción con los demás, son algunos factores que se aprenden en esta etapa de vida. Todo lo que se dañe en la vida de un niño en esta etapa, si de adulto no se trabaja profesionalmente, afectará en todos los aspectos de la vida, limitando así su disfrute.

La figura del padre es fundamental para la salud emocional de los hijos, ya que los crea más seguros dentro y fuera de casa, así como la gestión de emociones. Un padre presente es capaz de confirmar la existencia del niño a través del amor, la protección y, de esto, provoca un desapego y lleva al menor hacia la independencia y a desarrollar sus habilidades con el mundo exterior.

A pesar de que los hogares se deben convertir en lugares emocionales para cada uno de sus miembros, la realidad nos muestra que muchas personas han crecido en hogares disfuncionales, donde la violencia (física, emocional y sexual), el abandono, el abuso, las drogas, el alcohol, las palabras hirientes, la infidelidad, entre otras cosas, han estado presente por años, lastimando así el corazón de esos niños y jóvenes.

Un alto porcentaje de los problemas o situaciones emocionales que hoy de adultos enfrentamos, nacieron en gran parte en nuestros hogares. Esto no busca que culpemos a nuestros padres. Cada persona trabaja con los recursos que tiene, pero sí debe llevarnos a tomar responsabilidad y acción en nuestra libertad emocional.

Crecer con daños emocionales hará que de adultos estemos inhabilitados para amar saludablemente y relacionarnos con los demás de forma equilibrada, y esto afectará nuestra autoestima, seguridad y capacidad de administrar las emociones.

Cuando alguien está herido, hiere, y esto es lo que ha pasado en miles de hogares donde papá o mamá no tuvieron la capacidad de amar, cuidar, proteger y de forjar en aquel niño una base sólida donde creciera de forma saludable.

Diariamente lo escucho en las sesiones y he visto la manera en que la raíz de las principales situaciones que hoy aquejan a millones de personas como los temores, las inseguridades, ansiedades, depresiones, entre otros, tuvieron su base en una herida en la niñez en gran parte por las figuras paterna y materna. Esas figuras fueron (en buena teoría) establecidas en el plan divino como fundamento para la formación de sus hijos, pero al estar heridos, les impide lograrlo con éxito. En su lugar, dañan a ese nuevo ser humano, el cual cuando crezca, si no busca sanarse emocional y espiritualmente, repetirá la historia cuando tenga su propia familia y sus hijos.

Además de todo el daño emocional que se le hace a la persona, esto llega a tener un impacto directo en cuanto al modo en el que nos relacionamos con Dios como nuestro Padre, pues de manera consciente o inconsciente relacionamos las figuras de nuestros padres terrenales con la figura de nuestro Padre celestial.

Hoy quiero que medites en cómo fue tu relación con tus papás y cómo es tu relación con tu Padre Dios. Muchas personas no logran ver a Dios como Papá. Reconocen a Jesús o al Espíritu Santo, pero no sienten que tienen un Padre que los ama con amor eterno e incondicional.

En una sesión atendí a una joven que fue víctima de abuso sexual y abandono por su padre. Esto causó en ella mucho dolor emocional, resentimiento y un profundo vacío, que con el paso de los años trató de llenar con sexo y compras compulsivas. Sin embargo, cada vez su vacío era mayor.

Paso a paso empezamos a trabajar en su sanidad, y cuando llegamos al asunto de la paternidad de Dios, identifiqué que le resultaba difícil. Le tenía miedo a Dios, pensaba que la había dejado y que nunca la había defendido. Fue todo un proceso de perdón y liberación, pero al final ella logró reconocer que su Padre Dios era diferente y que siempre, a pesar de todo, había estado ahí. Fue así que ella empezó un camino para conocer la Paternidad de Dios, hasta llegar a la convicción de que no era huérfana, sino que tenía un Papá que la amaba, y que era capaz de sanar y llenar cada vacío y herida de su alma.

Siempre les digo a las personas que no es un asunto de religión, sino de relación. Saber quiénes somos y, ante todo, quién es nuestro Padre, es lo que nos da identidad y nos permite disfrutar de una fe con propósito, viva, real y cercana.

> *Yo seré un Padre para ustedes, y ustedes serán mis hijos y mis hijas, dice el Señor Todopoderoso* (2 Corintios 6:18).

> *Porque todos los que son guiados por el Espíritu de Dios son hijos de Dios. Y ustedes no recibieron un espíritu que de nuevo los esclavice al miedo, sino el Espíritu que los adopta como hijos y les permite clamar:* «¡Abba! *¡Padre!*». *El Espíritu mismo asegura a nuestro espíritu que somos hijos de Dios. Y si somos hijos, somos herederos; herederos de Dios y coherederos con Cristo, pues si ahora sufrimos con él, también tendremos parte con él en su gloria* (Romanos 8:14-17).

> *Ustedes ya son hijos. Dios ha enviado a nuestros corazones el Espíritu de su Hijo, que clama:* «¡Abba! *¡Padre!*». *Así que ya no eres esclavo, sino hijo; y como eres hijo, Dios te ha hecho también heredero* (Gálatas 4:6-7).

> *¡Fíjense qué gran amor nos ha dado el Padre, que se nos llame hijos de Dios! ¡Y lo somos!* (1 Juan 3:1).

Estos son algunos versículos que nos hablan sobre la paternidad de Dios; en la Biblia hay muchos más. Te invito a que le pidas al Espíritu Santo que te revele esa paternidad. Cuando esto suceda, empezarás a caminar, a verte a ti mismo y vivir como lo que eres: hijo de Dios.

El mismo Jesús no direccionó la oración hacia sí mismo, sino que nos llevó al Padre y lo demostró en la oración modelo.

> *Ustedes deben orar así: «Padre nuestro que estás en el cielo, santificado sea tu nombre»* (Mateo 6:9).

Más allá de lo que haya sido o no tu padre o madre terrenal, quiero invitarte para que perdones y dejes el pasado atrás. Recuerda, quien está herido, hiere. No lo digo para justificar lo que te hicieron, pero cuando comprendemos que cada persona trabaja con los recursos que tiene, nos es más fácil avanzar por el camino del perdón, que es la única ruta para vivir en libertad y sanidad emocional cuando nos han lastimado.

Luego podrás conocer esa paternidad celestial que es única, maravillosa y que lo llena todo en todo. Recuerda: no eres huérfano, tienes un Padre que te ama sin condiciones.

DE ESCLAVO A HIJO

Es importante recordar que todo el concepto que encierra nuestro sistema de creencias y de bases en nuestro carácter se desprenden en gran medida de la relación que tuvimos con nuestros padres. Hay una gran relación entre la imagen que tenemos de nuestros padres terrenales y la imagen de nuestro Padre celestial. Por eso es vital sanar esos conceptos erróneos que tenemos de la paternidad y salir de la mentalidad que quizá nos ha tenido esclavizados, imposibilitando que disfrutemos del privilegio de vivir como hijos.

En lo personal, puedo reconocer que si algo me ha hecho sentirme una mujer segura no es nada humano, académico ni de logros, sino el creer que soy hija de Dios. Cuando esto empezó a ser más fuerte en mí, indagué en qué era aquello que decía la Biblia que tiene, que puede hacer o alcanzar un hijo de Dios. Fue así que comprendí que tenía un diseño especial que me permitía hacer muchas cosas, no por mí, sino por Aquel que estaba en mi vida.

«No eres huérfano,
tienes un Padre que te ama
sin condiciones».

Analicemos por un momento cómo vive una persona en esclavitud. Quizá podemos pensar que eso era cosa del pasado donde se atentaba con la libertad individual, pero lamentablemente aún hoy en el siglo XXI se da la conocida esclavitud moderna y afecta a más de 40,3 millones de personas en el mundo entero[2]. Es doloroso ver cómo miles de personas ven sus derechos irrespetados y son sometidas a trabajos forzosos y a una explotación inhumana.

Si llevamos esto al plano emocional y espiritual, podríamos decir que probablemente la cifra aumentaría en un gran porcentaje. Hoy millones de personas viven con libertad física, pero con su alma encadenada a muchos recuerdos del pasado, lo cual trae ruina, dolor, pobreza emocional, trastornos, patologías y enfermedades mentales y físicas.

Estoy segura que este libro está en tus manos porque Dios desea traer su verdad a tu vida, a fin de que puedas darte cuenta de quién eres y logres encontrar el verdadero valor de la vida junto a Él.

Quizá tus padres, las personas o hasta tú mismo te han valorado por lo que haces y no por lo que eres. Hoy es el día para que elijas quitar de tu mente toda etiqueta que te limita que vivas en plenitud. Dios no te ama por lo que haces, no está con el látigo en la mano viendo en qué te equivocas para pegarte, y tampoco está en el trono viendo cómo fallas para enviarte un castigo. Eres su hijo amado y espera por ti con los brazos abiertos.

---

2 Consultado en línea: https://www.freedomunited.org/es/news/why-40-million-people-are-enslaved-today/.

Quizá las diferentes circunstancias de la vida te han hecho una persona dura, fría y hasta indiferente. Quizá eres demasiado inseguro, desconfías, todo lo analizas y lo cuestionas, pero hoy te exhorto para que dejes de lado todo muro que hayas levantado. No estés a la defensiva ni maquilles tu dolor, solo ríndete en los brazos de tu Padre. Así como un bebé descansa en el regazo de su madre, elige darte la oportunidad de disfrutar de tu posición de hijo.

Dios no tiene favoritos, no te ignora, no desaparece, no es tacaño ni irresponsable.

> *Por el gran amor del Señor no hemos sido consumidos y su compasión jamás se agota. Cada mañana se renuevan sus bondades; ¡muy grande es su fidelidad!* (Lamentaciones 3:22-23).

Espero que hoy puedas comprender que su amor no se acaba y que su compasión jamás se agota.

Como hijo tienes un lugar especial en la mesa, hay bendición para ti y privilegios, pero a la vez hay principios que debes vivir para que puedas mantener esa paz, estabilidad y bienestar. La obediencia trae bendición y mantiene abiertas las puertas.

> *Nos predestinó para ser adoptados como hijos suyos por medio de Jesucristo, según el buen propósito de su voluntad* (Efesios 1:5).

Mas a todos los que le recibieron, a los que creen en su nombre, les dio potestad de ser hechos hijos de Dios (Juan 1:12, RVR60).

Dichosos los que trabajan por la paz, porque serán llamados hijos de Dios (Mateo 5:9).

«La obediencia trae bendición y mantiene abiertas las puertas».

Tener la convicción de que somos personas con propósito y que nacimos por una razón especial es lo que nos da valor en el día a día, aun en medio de una sociedad que está tan llena de desesperanza.

Hoy es un buen momento para elegir salir de la esclavitud mental y emocional, e iniciar el recorrido por una hermosa aventura para disfrutar la vida a plenitud. Eres grande y naciste para triunfar, no lo olvides.

APLICACIÓN DE LO APRENDIDO

Así que tengan cuidado de su manera de vivir. No vivan como necios, sino como sabios, aprovechando al máximo cada momento oportuno, porque los días son malos (Efesios 5:15-16).

AFIRMACIONES POSITIVAS:

- Mientras haya vida, hay esperanza.
- Nací con propósito.
- La vida es un regalo y voy a vivirla a plenitud.
- Tengo un Padre que me ama.
- Soy hijo de Dios.
- Soy amado.
- Elijo ser feliz por encima de cualquier circunstancia.

1. ¿Qué valor tiene la vida hoy para ti?
2. ¿Estás viviendo o sobreviviendo?
3. Lo que te está robando la paz, ¿tiene solución? Si tu respuesta es afirmativa, ¿qué puedes hacer para cambiar la situación? Si fuera negativa, te invito que se la entregues a Dios y sueltes aquello que te aqueja.
4. ¿Qué pensamientos te han venido a quitar el sentido de vida?
5. ¿Cuál es tu relación con Dios Padre?
6. ¿Te sientes hijo de Dios?
7. ¿Qué te motiva a vivir?
8. Escribe cinco afirmaciones positivas que te dirás cada día para celebrar la vida.
9. ¿Qué compromiso asumes hoy con lo que aprendiste en este capítulo?

ORACIÓN

Dios, en esta hora vengo delante de ti agradecido porque sé que me amas y tienes un plan para mí. Quiero darte gracias por darme el don de la vida. Espíritu Santo, hoy te pido que me ayudes a disfrutar y a valorar todo lo que tengo; que a pesar de los desafíos de la vida yo pueda ser una persona fuerte. Hoy abro las puertas de mi corazón y recibo a Jesús como mi Señor y Salvador personal. Te pido perdón por todos mis pecados y te pido que tu sangre me limpie.

Espíritu Santo, te pido que me reveles la Paternidad de Dios, que sanes toda herida que tenga en mi corazón causada por mis padres terrenales. Hoy los perdono, los bendigo y recibo el gran amor de Dios. Creo que soy tu hijo y que cuidas de mí. En el nombre de Jesús, amén.

CAPÍTULO 4

TODO VA A ESTAR BIEN

El Señor te cuidará: de todo mal guardará tu vida.
El Señor cuidará tu salida y tu entrada,
desde ahora y para siempre.

SALMO 121:7-8

FRASE DE INSPIRACIÓN

¡DIOS TIENE EL CONTROL DE MI VIDA!

Existen momentos en nuestras vidas cuando sentimos una sequía emocional y espiritual, perdemos el sentido de la vida, nos sentimos agotados de manera física o mental, y hasta llegamos a sentir a Dios muy lejano, como si nos hubiera olvidado. Por otro lado, hay momentos donde la adversidad viene a nuestra vida y tenemos que pasar por situaciones desafiantes. Los desiertos son lugares con temperaturas extremas, frías de noche y calientes de día. Estás rodeado de arena, por lo que cuesta caminar y ver; además, es un lugar seco. Si llevamos esto a nuestra vida, podríamos identificar que muchas veces pasamos por desiertos y, aunque no nos gusten, son necesarios para el crecimiento, formar carácter y, sobre todo, para tener una fe firme, la cual solo se desarrolla en los momentos desafiantes donde realmente la necesitamos.

Ya leíste los desiertos bien áridos que he enfrentado con problemas de salud y de familia. Sin embargo, tengo la bendición de tener a mis padres con vida. Fueron muchas veces cuando tuve miedo, ansiedad, frustración y una tristeza realmente profunda, sin saber si iban a vivir o morir. Fue tanto el dolor emocional que tuve, que sentí lo que es que el corazón duela de tristeza.

Momento a momento veía cómo mi impotencia era tan grande, que solo Dios podía operar un milagro. Recuerdo que constantemente me decía esta frase: *¡Todo va a estar bien!* Esto calmaba un poco la ansiedad y el temor que tenía, pero un día cuestioné por qué creer que todo estaría bien cuando delante de mis ojos la realidad era negativa, contraria y parecía no tener solución humana. ¿Cuál era la garantía?

En ese momento medité y me dije: «Tengo dos escenarios frente a mí. En la parte realista y humana no hay garantía de que todo esté bien o mejore». Por lo que estaba pasando, era obvio que nada estaba bien y que quizá lejos de mejorar, empeoraría.

El otro escenario tenía la misma realidad, pero con algo maravilloso que cambiaba todo el panorama: Dios tenía el control, y fue ahí donde confirmé que esa era la razón de por qué valía la pena creer que todo estaría bien. Quizá no iba a mejorar como yo quería, pero aun en medio del caos podía levantar mi vista y recordar quién estaba por encima de cualquier circunstancia.

> *A las montañas levanto mis ojos; ¿de dónde ha de venir mi ayuda? Mi ayuda proviene del Señor, que hizo el cielo y la tierra. No permitirá que tu pie resbale; jamás duerme el que te cuida. Jamás duerme ni se adormece el que cuida de Israel. El Señor es quien te cuida; el Señor es tu sombra a tu mano derecha* (Salmo 121:1-5).

En medio de las situaciones que viví, aprendí que, aunque tengamos fe, cuando el dolor o la enfermedad tocan a la puerta de nuestra vida o familia, seguimos siendo humanos y necesitamos apoyo para superar el dolor. Incluso experimenté que hay desiertos que nos tocará enfrentarlos solos, y eso es parte de un plan. Recordaba también que Dios estaba ahí y que mi ayuda vendría de Él.

Hoy miro para atrás, y aunque ha sido y sigue siendo un tiempo desafiante, ni un solo día Dios me dejó. Siempre tuvo detalles y enviaba ayuda de maneras sobrenaturales. Lo mismo te quiero recordar a ti. Quizá hoy lees estas líneas con lágrimas en tu rostro porque estás pasando una prueba fuerte. Haz una pausa, cierra los ojos, respira profundo y di en voz alta varias veces, hasta que lo creas: *¡Todo va a estar bien, Dios tiene el control y no estoy solo!*

LA FE

En la Biblia constantemente encontramos versículos que nos hablan de la fe y de la importancia de creer, aun cuando no vemos nada. En medio de una sociedad que pide pruebas para creer algún hecho, acontecimiento o para formar teorías, esto parece ser contrario a la razón humana, y sí que lo es, pues la fe es confianza plena en Dios, aunque no veamos con claridad.

Sé que muchas personas dudan de Dios, de su existencia o de si la Biblia es realmente la Palabra de Dios, argumentando que la escribieron muchos autores en diferentes épocas. Sin embargo, es apasionante ver que nunca se contradice y es el único libro que cuando se lee, el espíritu recibe promesas que llenan de gozo y paz el corazón. Esto solo se puede comprender cuando se ha vivido.

> «Fe es confianza plena en Dios, aunque no veamos con claridad».

La fe no tiene nada que ver con reglas, ni es algo que se asume como herencia; es decir, como mis papás creyeron y fueron a «X» iglesia, yo también voy. No es algo de costumbre o tradición, es revelación y una experiencia personal. Solo así se abren los ojos del entendimiento y podemos creer que hay algo más profundo despertando un hambre espiritual por conocer más a Dios a través de su Palabra, la oración y el congregarse en una iglesia. Es vital para el crecimiento espiritual.

> *Pido también que les sean iluminados los ojos del corazón para que sepan a qué esperanza él los ha llamado, cuál es la riqueza de su gloriosa herencia entre pueblo santo, y cuán incomparable es la grandeza de su poder a favor de los que creemos. Ese poder es la fuerza grandiosa y eficaz que Dios ejerció en Cristo cuando lo resucitó de entre los muertos y lo sentó a su derecha en las regiones celestiales* (Efesios 1:18-20).

CONOZCAMOS ALGUNOS VERSÍCULOS QUE HABLAN DE LA FE:

Ahora bien, la fe es tener confianza en lo que esperamos, es tener certeza de lo que no vemos (Hebreos 11:1).

Vivimos por fe, no por vista (2 Corintios 5:7).

En realidad, sin fe es imposible agradar a Dios, ya que cualquiera que se acerca a Dios tiene que creer que él existe y que recompensa a quienes lo buscan (Hebreos 11:6).

—¿No te dije que si crees verás la gloria de Dios? —le contestó Jesús (Juan 11:40).

—Por la poca fe que tienen —respondió—. Les aseguro que si tuvieran fe tan pequeña como un grano de mostaza, podrían decirle a esta montaña: "Trasládate de aquí para allá" y se trasladaría. Para ustedes nada sería imposible (Mateo 17:20)

Podemos decir que la fe es como un músculo que necesitamos ejercitar para que se fortalezca y aumente. Todos tenemos una medida de fe. Cuando la Biblia nos habla del grano de mostaza, la semilla más pequeña que existe, nos está diciendo que, si creemos con esa fe que ya tenemos, veremos grandes milagros suceder. Es ahí donde podemos decir: *¡Todo va a estar bien, Dios tiene el control!*

Vamos a enfrentar momentos cuando solo la fe nos podrá sostener. Creer que hay un ser Supremo, un Padre que nos ama y nos cuida en cada situación, da esperanza al corazón del ser humano en medio del dolor.

APRENDE A SOLTAR

Si hay algo que nos gusta como seres humanos, es sentir que tenemos el control de las cosas. En ocasiones, esto nos da paz, seguridad y pensamos que si está en nuestras manos, todo saldrá bien, lo cual no es verdad, ya que no podemos controlar nada. Nuestra visión es limitada, solo vemos un rango de 180 grados, y no tenemos la capacidad de ver todo lo que vendrá en el futuro, ni cómo ni cuándo pasará. No somos Dios, somos seres humanos que nos cansamos fácilmente.

Ante este escenario, qué bueno es recordar que no estamos solos, que no se trata de nosotros y que hay alguien que sí tiene el control, ve el cuadro completo y nunca duerme ni se cansa. Para soltar necesitamos confiar en sobre quién vamos a colocar nuestra vida, necesidad o a esa persona que ya no podemos seguir cargando en nuestros hombros. Cada vez que yo asumo un papel que no me corresponde, o uno que no es para mí, lo único que obtengo es sentirme cargada, agotada y frustrada.

En mis sesiones, escucho muchos casos de hombres asumiendo el papel de papá en una relación, o la mujer asumiendo el papel de mamá, tanto de su pareja como de sus hermanos. También hijos que terminan siendo los papás de sus progenitores, aun cuando ellos se encuentran en óptimas condiciones físicas o mentales. Esto podría llegar a darse por temor a la pérdida, a la soledad, al rechazo o a las heridas del pasado.

Sin importar cuál sea el caso, asumir un papel o una responsabilidad excesiva de algo que no me corresponde es enfermizo. Sé que muchas veces vamos a servir por amor a los demás, o como hijos nos corresponde velar por nuestros padres, o quizá a los padres cuidar a sus hijos. Hay un límite muy delgado entre crear codependencia y apoyar. Marca la diferencia cuán equilibrados somos en la situación, si eso nos está robando la capacidad de vivir nuestra propia vida, desarrollar nuestros proyectos o tener tiempo para nosotros mismos. Muchas veces nos aferramos por temor y ahí es donde debemos buscar sanidad emocional.

Pregúntate en este momento: «¿A quién estoy aferrado? ¿Tengo algún apego en mi vida?».

El apego es un lazo emocional y afectivo entre dos personas que genera el deseo de permanecer cerca el uno del otro; esto es vital en las relaciones interpersonales para generar seguridad. El apego surge desde nuestra primera infancia. Si como bebés percibimos algún tipo de inseguridad o rechazo, eso podría crear en nosotros una herida. Si no se ha sanado, cuando somos adultos podríamos buscar apegos inseguros con los demás, a fin de buscar la aprobación y la compañía, debido a un alto grado de temor al rechazo, a que me dejen o me abandonen.

Muchas veces nos apegamos a alguna persona por tener vacíos emocionales o temores que se activaron en nuestra niñez. Sin importar la causa, es vital buscar apoyo profesional para sanar y aprender a vivir en libertad emocional.

Cuando soltamos, experimentamos paz y podremos vivir en mayor plenitud. Recuerdo el caso de Patricia, una mujer que tenía tendencia al apego emocional, tanto de pareja como de amistad. El temor a estar sola la llevaba a ser complaciente, decir siempre que sí a todo y gastar muchísimo dinero para darles a los demás. Cuando le pregunté sobre las intenciones de su corazón al actuar así, su respuesta fue: «Le tengo miedo al rechazo y a la soledad». Todo se remontaba al abandono que sufrió por parte de su padre cuando era una niña pequeña. Toda esta herida la llevaba a apegarse a los demás y evitar a toda costa que la dejaran. Si eso pasaba, su dolor y tristeza eran inmanejables.

He llegado a la conclusión de que si tenemos que aferrarnos o apegarnos a alguien, que sea a Dios, el único que no cambia, no falla, no se muere, no es infiel ni interesado. Él es digno de toda nuestra confianza. En Él podemos soltar aquello que nos carga, permitir que su amor nos sane, creer que todo va a estar bien y que las cosas se alinearán según su voluntad para nuestra vida.

RECUÉRDALE A TU CORAZÓN EN QUIÉN CONFÍAS

Nuestros sentidos físicos son una gran bendición, ya que con ellos podemos disfrutar de la vida. Pero cuando hablamos de la fe, se pueden convertir en arma de doble filo, ya que quizá ante nuestros ojos hay todo un escenario negativo, o las palabras que hemos escuchado, ese diagnóstico médico o las etiquetas que tenemos, nos condicionan y nos inclinan a pensar que nada mejorará y que cada día irá peor.

Según el *Diccionario de la lengua española*, la confianza es la «esperanza firme que se tiene de alguien o algo»; en otras palabras, es el trato íntimo que tenemos con un familiar, es alguien en quien podemos confiar o son las cualidades recomendables para el fin a que se destina.

Como lo plantea esta definición, la confianza es creer que alguien desea actuar de manera adecuada ante una situación. Medita por un momento, ¿crees que Dios es capaz de actuar de manera oportuna, adecuada y justa? Si tu respuesta es afirmativa, es tiempo de practicarlo y poner esa confianza por obra. Sé que es todo un desafío, porque humanamente quizá nos cuesta orar, esperar, soltar y confiar.

Encomienda al Señor tu camino; confía en en él y él actuará (Salmo 37:5).

Según este versículo, lo primero que debemos hacer es encomendar (soltar), luego confiar (tener fe, aunque no veamos ni entendamos) y el resultado será que Dios actuará a nuestro favor como solo Él lo sabe hacer. Recuerda que Él ve el mapa completo, el pasado, el presente y el futuro.

> *Porque yo conozco los planes que tengo para ustedes —afirma el SEÑOR—, planes de bienestar y no de calamidad, a fin de darles un futuro y una esperanza* (Jeremías 29:11).

La buena noticia para hoy es que Él tiene planes para nuestro bien, para darnos ese futuro aún mejor del que podemos planear en nuestra mente finita, el cual vendrá lleno de esperanza.

Una de las cosas que más temor nos puede dar es pensar en lo que vendrá mañana. Este es uno de los factores que más ansiedad provoca. Si bien es cierto que, aunque planifiquemos, no tenemos el control de que todo fluya como lo hemos visualizado. No obstante, podemos tener la seguridad de que si colocamos nuestra vida y familia en las manos de Dios, todo saldrá bien.

Existe el síndrome del pensamiento acelerado, el cual nos lleva a pensar de más, a irnos mucho hacia el futuro y no para visualizar positivamente, sino para imaginarnos escenarios catastróficos, los cuales nunca llegarán a concretarse. Entonces, nuestro cuerpo entra en estrés crónico y tiene la misma reacción bioquímica que si estuviera viviendo cada momento que hemos imaginado.

Por eso debemos entrenar la mente y confiar en que todo saldrá bien, y aun lo que se nos sale de control, Dios está ahí para ayudarnos, porque Él nunca pierde el control.

Cuando siento miedo, pongo en ti mi confianza
(Salmo 56:3).

Las tres claves fundamentales para que nuestra confianza en Dios aumente son:

1. La fe: debemos fortalecerla cada día.
2. Conocer quién y cómo es Dios y su naturaleza. Eso lo logramos cuando nos acercamos a la Biblia (te invito para que busques un grupo donde puedas estudiar y acercarte a su Palabra).
3. Recordar todo lo que Dios ha hecho en nuestra vida y familia, y cómo hemos visto su fidelidad.

ENEMIGOS DE LA CONFIANZA

Como lo mencioné, la fe es una hermosa aventura, pero a la vez es un desafío para hombres y mujeres valientes que no caminan por vista, sino por las convicciones que han elegido abrazar en su corazón.

Al escuchar diferentes historias, he visto que algo que nos impide confiar en Dios quizá sea esa imagen errónea que tenemos de su Paternidad y amor incondicional por nosotros, algo que insisto en enfatizar. Cuando nuestras emociones han sido lastimadas y tenemos vacíos en los aspectos paternales, el enemigo se aprovecha para sembrar duda del amor de Dios. Existen otros tipos de dolores emocionales o heridas que tenemos en nuestro corazón que deben ser sanados para poder avanzar en la vida y en la confianza. Es ahí donde nos cuesta creer que somos amados, perdonados y merecedores de la gracia.

Otro punto es la religiosidad (seguir reglas para buscar agradar al hombre y no a Dios), la cual es ver la fe y la relación con Dios como algo de costumbre, cuadrado, sin vida, donde solo tengo que cumplir como si fuera un robot. Dios es real y lo mejor que nos puede pasar es tener una cercana relación con el Espíritu Santo, donde se abre un canal de comunicación para conversar. Ahí fluyen sanidad, libertad, amor, paz y restauración. La religiosidad te mata por dentro, te condena, te señala y trae muerte espiritual, lo cual provoca que las personas no quieran nada con Dios y les dé pereza todo lo relacionado con el cristianismo.

Muchas veces las cosas no van a salir como queremos, y tenemos que aprender a administrar nuestras emociones y saber cómo reinventarnos. Si el plan A no funcionó, no dejemos que la desilusión nos gobierne; recuerda que el abecedario tiene más letras.

Cuando pasamos por momentos de frustración, podemos tener la tendencia de buscar un culpable y evitar enfrentar el dolor. He visto cómo las personas se enojan con Dios por una pérdida, una enfermedad, un divorcio, problemas financieros, entre otros. Es fácil echarle la culpa a Dios de lo que nos pasa, pero debemos reflexionar si antes de tomar una decisión pedimos su dirección o solo actuamos por emociones. En medio del dolor y la frustración, Él nos ama y nos entiende; es su deseo que podamos venir a su presencia para buscar sanidad y libertad emocional.

Él nos ha dado libertad para elegir, y cada elección traerá una consecuencia que será nuestra responsabilidad enfrentar. Sin embargo, la misericordia de Dios se extiende para ayudarnos y empezar de nuevo. Aquí también se suma el problema de la culpa, la cual es útil en un principio, a fin de darnos cuenta de que quizá no actuemos con sabiduría. Sin embargo, no podemos quedarnos en ella porque nos estancamos. Al cometer un error, debemos reconocerlo, pedir disculpas, enmendarlo, cambiar de actitud y seguir hacia delante.

Otro de los enemigos de la confianza en Dios es el temor, el cual nos paraliza y nos hace dudar de que todo saldrá bien. En mis sesiones hago esta pregunta: «¿Cuál es tu mayor miedo?». Considero que la mayoría de los temores son irreales; solo existen en nuestra mente. Los hemos ido alimentando y les hemos dado mucho poder, al punto que hoy podrían estar gobernando nuestras emociones, pensamientos y acciones.

Los temores hay que enfrentarlos. Por eso al hacerte esa pregunta para que puedas identificarlos, te recomiendo que hagas el siguiente ejercicio: se llama la dinámica de la silla vacía. Coloca dos sillas una al frente de la otra. En una te sientas tú y en la otra, con ayuda de la imaginación, sientas el pensamiento y empiezas a cuestionarlo. Te haces preguntas como: «Es real? ¿Desde cuándo tengo este temor? ¿Cómo entró a mi vida? ¿Qué dice Dios sobre esto en la Biblia?». Estas preguntas te ayudarán a irle quitando el poder y, si necesitas apoyo, te invito a que busques un profesional que te acompañe.

> *Así que no temas, porque yo estoy contigo; no te angusties, porque yo soy tu Dios. Te fortaleceré y te ayudaré; te sostendré con mi diestra victoriosa*
> (Isaías 41:10, CST).

DISFRUTA TU MEJOR REGALO

Siempre es gratificante recibir un regalo o ser sorprendidos. Cada día al abrir nuestros ojos recibimos un maravilloso presente que debemos disfrutar al máximo. Parte de los temas que inspiraron este libro es ver la necesidad que tenemos todos de aprender a vivir un día a la vez desde la fe, alimentando nuestra confianza y agregando recursos que nos sean útiles en el diario caminar.

¿Qué te impide hoy vivir un día a la vez?

¿Puedes confiar en que todo estará bien?

Aunque es cierto que la vida es sensible y puede cambiar de la noche a la mañana, debemos ver el futuro con esperanza y elegir aceptar el mejor regalo que se nos da cada día: la vida. Por eso a partir de hoy, y a pesar de lo que puedas estar viviendo, te invito a que cada mañana al abrir tus ojos tomes la sabia decisión de sonreír y recordar que todo estará bien y que vivirás un día a la vez con esperanza en el presente y hacia el futuro.

APLICACIÓN DE LO APRENDIDO

Ahora bien, sabemos que Dios dispone todas las cosas para el bien de quienes lo aman, los que han sido llamados de acuerdo con su propósito (Romanos 8:28).

AFIRMACIONES POSITIVAS:

- Todo está bien.
- Mi futuro está lleno de buenas noticias.
- Toda mi confianza está en Dios.
- Hoy disfruto el regalo de la vida.
- Con esperanza espero lo mejor.
- Esto también pasará.
- Camino por fe, no por vista.

1. ¿Qué te inquieta en este momento?
2. ¿En dónde has puesto tu confianza y seguridad?
3. ¿Estás pensando demasiado en lo que pueda venir a tu vida en el futuro?
4. ¿Por qué consideras que puedes confiar en Dios?
5. ¿Qué te gustaría entregar hoy en las manos de Dios para que Él tome el control?
6. ¿Cómo estás alimentando tu fe? ¿A qué te comprometes para que se fortalezca cada día?

7. ¿Qué ha venido a drenar tu ánimo y confianza en Dios?
8. ¿Qué cambio eliges hacer hoy para disfrutar más de la vida?

ORACIÓN

Dios amado, hoy vengo a tu presencia para darte gracias por todo lo que me permites vivir y disfrutar. Gracias, porque me puedo acercar a ti con confianza al saber que me escuchas y atiendes mi oración. Hoy te quiero entregar todo lo que hay en mi corazón. Te entrego el control de cada anhelo y necesidad. Tú sabes que me llena de temor, ansiedad y estrés, y quiero pedirte, Espíritu Santo, que me guíes, fortalezcas mi fe y me llenes de tu paz. Ayúdame a creer que todo estará bien, pues tú estás ahí y tienes el control. Te entrego mi vida y te acepto como mi Señor y Salvador personal. Quiero conocerte cada día y confiar en tu plan de amor. En el nombre de Jesús, amén.

CAPÍTULO 5

EL PODER DE LA GRATITUD

Estén siempre alegres, oren sin cesar, den gracias a Dios en toda situación, porque esta es su voluntad para ustedes en Cristo Jesús.

1 TESALONICENSES 5:16-18

FRASE DE INSPIRACIÓN

¡AGRADEZCO CADA FAVOR RECIBIDO!

Si algo es capaz de cambiar un día no tan bueno en uno extraordinario es la gratitud, la cual nos hace recordar todos los beneficios y bendiciones que día a día recibimos. Cuando la practicamos, mejora nuestra actitud. Sin embargo, en medio de las carreras diarias fácilmente dejamos de hacerlo.

Desde hace bastante tiempo he venido practicando el arte de escribir, no solo para plasmar en libros, sino que me gusta tomar un tiempo especial cada día, a fin de poner mis ideas en orden. Esto me ha sido de gran utilidad, en especial durante los momentos cuando me siento triste o deseo hablar sobre algún tema y tal vez no tenga una persona cerca.

Quizá desde pequeños nos enseñaron dos palabras clave que no podemos olvidar con facilidad por el corre corre de la vida: una es «por favor» y la otra es «gracias». Ambas son señales de buena educación y nos permiten mostrar amabilidad y respeto.

La palabra «gracias» proviene del vocablo latino *gratia*, que significa «honra o alabanza que sin más se tributa a otro» y «el reconocimiento de un favor» recibido. Esta definición nos lleva a reflexionar sobre cómo estoy manifestando esa satisfacción por cada regalo, bendición y favor que Dios, la vida y las personas me dan. Si de algo debemos cuidarnos es de acostumbrarnos a lo que tenemos, dar todo por sentado o perder la capacidad de asombro por lo que se nos da cada día.

La gratitud es una conducta que nos mantiene las puertas abiertas en el mundo natural, ya que cuando alguien es agradecido, demuestra el valor que le está dando a aquello que recibe.

Una de las tareas que me gusta dejar en mis sesiones es que las personas lleven un diario de gratitud donde anoten tres cosas por las cuales dan gracias. Les invito a ser específicos y ver detalles. Esta práctica sostenida en el tiempo me ha demostrado que cuando desarrollamos la capacidad de agradecer y de asombrarnos por cada detalle, podemos vivir en el presente (un día a la vez) y ser positivos, ya que empezamos a valorar todo lo que tenemos y esto nos aleja de centrarnos en lo que nos hace falta, que es lo que hacemos con mayor regularidad.

La expresión «gracias» tiene un efecto multiplicador y hace que la persona resalte entre los demás por su forma de ser, ya que de seguro se mirará más feliz y resplandeciente. Por el contrario, cuando una persona es negativa y quejosa, sin duda será alguien con quien los demás no querrán estar.

Si hacemos una revisión rápida, podremos identificar a las personas negativas que tenemos cerca, y que tienen la tendencia a drenar nuestras energías, contrario a aquellas que son agradecidas y positivas, la gente que necesitamos día a día.

Esta actitud no solo debe manifestarse de la boca para fuera. Es algo sincero que nace en el corazón y nos permite ser congruentes con lo que habita dentro de nosotros. En lo personal, cuando me siento triste o emocionalmente sensible, empiezo a recordar todo lo que Dios me ha dado. Quizá aún no tengo algo específico, pero al empezar a valorar todo lo que tengo hoy, he visto cómo mi corazón recobra ánimo y se llena de esperanza, cambiando mi enfoque no en la carencia, sino en la abundancia.

Sé que cuando nos sentimos mal emocionalmente, tendemos a enfocarnos solo en la carencia. En algún momento puse mucho esfuerzo para que un proyecto se concretara e invertí largas horas en hacer propuestas. Sin embargo, al final las cosas no salieron como esperaba. Tengo que reconocer que eso me desanimó, pero también me dije: «Está bien, quería que esto saliera, pero no fue así. Me doy el permiso de sentir mis emociones, pero también elijo levantarme, agradecer, valorar lo que sí me ha salido bien y las puertas que Dios abre. Todo opera para mi bien; si no se dio, por alguna razón será». Ese cambio de enfoque transformó mis emociones y mi actitud. Esto provocó una sensación de bienestar, alegría y plenitud al estar en paz con Dios, conmigo misma y con los demás.

GRATITUD VS. CONFORMISMO

Hablar de la gratitud es uno de los temas que más me apasiona y, cuando lo hago, me preguntan sobre la diferencia entre ser agradecido y ser conformista.

Si bien es cierto que es vital agradecer lo que hoy tenemos y sentirnos a gusto en la temporada en la que estamos, es importante tener visión y darnos la oportunidad de soñar y anhelar nuevas experiencias. De lo contrario, nos podríamos quedar estancados y todo lo que no se mueve, muere.

Por eso hay una gran diferencia entre ser agradecido por lo que tenemos hoy y conformarse. Creo que la palabra que podría colocar entre ambas sería «equilibrio». La gratitud y el sentirnos satisfechos nos puede llevar a una madurez, crecimiento y enfoque mayor que estar afanados, amargados, sintiendo envidia y celos por lo que tienen los demás, o comparándonos, lo cual daña profundamente nuestra autoestima.

Así que huyamos tanto de ser malagradecidos y quejosos como de ser conformistas. Sin importar la edad, el género, el estado civil o la nacionalidad, siempre podemos avanzar y pedirle a Dios que nos abra puertas milagrosas. Él es experto en hacer conexiones divinas y gestionar encuentros poderosos y llenos de propósito.

> *El que es honrado en lo poco también lo será en lo mucho; y el que no es íntegro en lo poco tampoco lo será en lo mucho. Por eso, si no habéis sido honrados en el uso de las riquezas mundanas, ¿quién os confiará las verdaderas? Y, si con lo ajeno no habéis sido honrados, ¿quién os dará lo que os pertenece?*
> (Lucas 16:10-12, CST).

Ser fiel y honrado con lo que se nos da hoy es garantía para que mañana Dios nos confíe más, ya que mostrará el estado de nuestro corazón. Así como las finanzas son un reflejo de nuestra salud emocional y espiritual, la gratitud muestra dónde está nuestro enfoque en este mundo. Entonces, cuando nos toque partir, de seguro que no nos llevaremos nada de lo material, sino aquello que trascendió, le dio la gloria a Dios y bendijo a los demás.

He visto cómo la gratitud se aprende, y mientras más se practique, no solo se convierte en un maravilloso hábito, sino que seremos más felices en lo que hacemos y tenemos. Además, la gratitud trae salud emocional, ya que al experimentar mayor paz, podremos vivir en ese equilibrio que tanto anhelamos.

No digo esto porque esté necesitado, pues he aprendido a estar satisfecho en cualquier situación en que me encuentre. Sé lo que es vivir en la pobreza y lo que es vivir en la abundancia. He aprendido a vivir en todas y cada una de las circunstancias, tanto a quedar saciado como a pasar hambre, a tener de sobra como a sufrir escasez. Todo lo puedo en Cristo que me fortalece (Filipenses 4:11-13).

Estos versículos siempre me han llamado la atención. Quizá se le ha puesto mucho más énfasis en la última parte. Si nos vamos varios versos atrás, Pablo nos revela que ha pasado momentos de escasez, de hambre y de dolor, pero en todo eso ha aprendido a dar gracias y a estar satisfecho, porque entendió que en medio de los procesos de la vida Dios le daba la fuerza para hacer frente a toda situación.

Uno de los mayores retos que he enfrentado es dar gracias cuando he estado en medio del dolor emocional. Sin duda, es fácil dar gracias cuando hay estabilidad económica, cuando hay trabajo o toda la familia está bien, ¿pero qué pasa cuando no hay trabajo, hay enfermedad en algún miembro de la familia o estamos en medio de alguna crisis? Es desafiante dar gracias en esos momentos, pero sé que Dios, quien ve las intenciones de nuestro corazón, se alegra de que tengamos esa actitud de agradecimiento aun en medio del dolor.

La gratitud también crea prosperidad emocional, ya que nos hace recordar que no necesitamos de tanto para ser felices, vivir en paz y con disfrute de la vida.

He escuchado a muchas personas que no se creen merecedoras de lo mejor, quizá porque alguien les sembró esa creencia limitante en su mente, o por una decisión o error del pasado. Creo profundamente que el pasado no debe determinar nuestro futuro. Si en algún momento nos equivocamos, Dios nos puede dar una segunda oportunidad para empezar de nuevo, enmendar las faltas y dirigirnos hacia un futuro exitoso, lleno de esperanza y paz. En nuestra humanidad no merecemos nada, pero por medio de Jesús y su gracia, hemos sido bendecidos con todo y ahí es donde debemos abrazar la verdad de que somos merecedores por medio de Él.

Algo que me ha llamado la atención cuando he estudiado el tema de la gratitud es que esta actitud sana la mente, el alma, el espíritu y el cuerpo.

«El pasado no debe determinar nuestro futuro».

El reconocido psicólogo y autor estadounidense Robert A. Emmons[3], realizó diferentes estudios del tema y llegó a las siguientes conclusiones como beneficios de la gratitud:

- Reconocer las cosas buenas que tienes, impulsa tu salud. La investigación mostró que la gente agradecida padecía menos episodios de depresión y estrés, menor presión arterial, más energía y mayor optimismo.
- Desacelera el envejecimiento. En personas mayores, descubrieron que agradecer diariamente incluso desacelera algunos efectos de la degeneración neuronal, que tiende a ocurrir a medida que envejecemos.
- Frena el estrés. El cortisol se suele llamar «hormona del estrés», y cuando nuestros cuerpos producen demasiado, puede mermar nuestro sistema inmunológico e incrementar nuestros niveles de azúcar en la sangre.

---

3 Consultado en línea: https://emmons.faculty.ucdavis.edu/.

Un estudio dirigido por el Institute of Heart Math Research Center en California reveló que las emociones positivas como el agradecimiento, disminuyen significativamente los niveles de cortisol[4].

- Ser agradecido ayuda a crear vínculos. Las investigaciones de los psicólogos estadounidenses Sara Algoe y Baldwin Way indican que la gratitud puede llevar a tener mejores relaciones. La explicación puede deberse a un aumento en la producción de la oxitocina, a veces conocida como «la hormona del amor», pues fomenta la calma y la seguridad en las relaciones[5].
- Gratitud: ¿buena para el corazón y la línea? Y dado que, ¡según el estudio que Emmons cita en su libro *Gratitude Works!,* las personas con presión arterial alta que expresan gratitud de forma activa «pueden reducir hasta un 10 % la presión arterial sistólica y disminuir la absorción de grasas en hasta un 20 %»[6].

Luego de ver estos beneficios validados con investigaciones, pienso en que la ciencia confirma lo que ya Dios nos había hablado por medio de su Palabra, así que hoy es el día para dejar la queja a un lado y empezar a agradecer por cada detalle. Hagamos de la gratitud un maravilloso hábito.

---

4 Consultado en línea: https://www.heartmath.com/research/.

5 Consultado en línea: https://college.unc.edu/2023/02/gratitude-algoe/; https://greatergood.berkeley.edu/article/item/love_gratitude_oxytocin

6 Robert A. Emmons, *Gratitude Works!: A 21-Day Program for Creating Emotional Prosperity*, Jossey-Bass, primera edición, 1 de abril de 2013.

LA GRATITUD ALIMENTA NUESTRA ESPIRITUALIDAD

Así como diferentes estudios hablan de los beneficios de la gratitud, la Biblia también nos enseña los beneficios espirituales.

1. *Estén siempre alegres, oren sin cesar, den gracias a Dios en toda situación, porque esta es su voluntad para ustedes en Cristo Jesús* (1 Tesalonicenses 5:16-18).

En estos versículos vemos tres recomendaciones que deberíamos practicar diariamente: estar con gozo en cada momento, orar siempre y dar gracias en TODO. Esta es la voluntad de Dios, y sé que podríamos pensar: *¿Cómo logro esto cuando estoy pasando un problema o algo que me roba la paz?* Sin duda, aquí entran la fe y lo sobrenatural: en medio de todo momento desafiante Dios desea que creamos que Él tiene el control, que nos ama, nos cuida y hay un propósito en todo. En cada desierto siempre tendremos provisión, ayuda y cuidado de Dios.

Con los procesos de la vida aprendí a decir: «Señor, aunque no entiendo lo que está pasando, ¡te quiero dar gracias porque sé que tienes el control y algo positivo sacarás de esto!». Creo que esta simple oración me ayuda a respirar profundo y dar gracias, aunque lo que vea sea contrario. Podría decir que es un acto de fe.

2. *Lleguemos ante él con acción de gracias, aclamémoslo con cánticos. Porque el Señor es el gran Dios el gran Rey sobre todos los dioses* (Salmo 95:2-3).

¿Cómo te acercas a Dios? Sé que muchas veces en lo personal me he acercado con queja, otras veces con reclamos y otras con agradecimiento. Sin embargo, la Palabra nos insta a que cada vez que nos acerquemos a Él demos gracias primero. Creo que esto es un acto de fe y confianza plena. En todo momento reconozcamos que Él es grande, es Rey y merecedor de toda nuestra alabanza. En medio del desierto no perdamos de vista quién y cómo es Él.

Creo que llegar a Él primero en gratitud es como decir: «¡Señor, no sé qué harás ni qué sucederá, pero de antemano, ¡gracias!». Sin duda, eso dibujará una sonrisa en el rostro de nuestro amado Dios y quizá diga: «¡Este hijo confía!».

3. *El que me ofrece su gratitud, me honra; al que enmiende su conducta le mostraré mi salvación* (Salmo 50:23).

Cuando la Biblia habla de sacrificio de acción de gracias, es porque habrá momentos en los que el dolor en nuestro corazón es grande y quizá lo único que brota de nosotros son lágrimas. Sin embargo, dar gracias en esos momentos va a honrar a Dios y, luego, Él nos honrará y responderá de maneras sorprendentes. La gratitud honra a Dios.

Si hoy estás pasando un desierto y no sientes deseos de agradecer, o piensas que es ilógico agradecer lo que pasas hoy, te invito para que tomes un instante, cierres tus ojos, respires profundo y lleves tu mente a pensar en todo lo que sí has tenido y lo bueno que te ha pasado. Sé que no todo ha sido oscuro y triste. Pensar en lo positivo te dará fuerzas para seguir adelante en medio del proceso.

4. *Que gobierne en sus corazones la paz de Cristo, a la cual fueron llamados en un solo cuerpo. Y sean agradecidos. Que habite en ustedes la palabra de Cristo con toda su riqueza: instrúyanse y aconséjense unos a otros con toda sabiduría; canten salmos, himnos y canciones espirituales a Dios, con gratitud de corazón. Y todo lo que hagan, de palabra o de obra, háganlo en el nombre del Señor Jesús, dando gracias a Dios el Padre por medio de él* (Colosenses 3:15-17).

Tú y yo tenemos el llamado a vivir con paz, a que la Palabra de Dios habite en nuestros corazones, a animarnos los unos a los otros y a que todo lo que hagamos o digamos sea para la gloria de Dios, dando gracias al Padre.

Mientras más nos llenamos de Cristo y su Palabra, más gratitud tendremos en el corazón y veremos las cosas como Dios las ve. Con el paso del tiempo, he llegado a la conclusión de que Él ve el mapa completo, yo no; por eso es mejor esperar, orar, confiar y, ante todo, soltar.

5. *No se inquieten por nada; más bien, en toda ocasión, con oración y ruego, presenten sus peticiones a Dios y denle gracias. Y la paz de Dios, que sobrepasa todo entendimiento, cuidará sus corazones y sus pensamientos en Cristo Jesús* (Filipenses 4:6-7).

La Biblia nos enseña a no preocuparnos, afanarnos ni inquietarnos por nada. Sin embargo, tenemos la tendencia a preocuparnos por todo. Lo único que esto genera en nuestras vidas es estrés y ansiedad, lo cual debemos combatir en gran parte con prácticas espirituales como la oración. Podemos presentar nuestras peticiones delante de Dios con confianza y gratitud, ya que hemos visto su fidelidad y provisión constantes a través de los años. Nuestra fe se fortalece al mirar atrás. Dios ha sido y es fiel, sabemos que podemos confiar en Él. En esa confianza le damos gracias por lo que ha hecho en nuestras vidas y por lo que sabemos que hará. Vivir con esta convicción va a activar la gran promesa de que la paz de Dios, la cual sobrepasa todo entendimiento humano, cuidará nuestro corazón y mente en Cristo.

Es de humanos inquietarnos, afanarnos y preocuparnos. Yo también tengo esas reacciones diariamente, pero algo que me ha servido es recordar promesas bíblicas que puedan convertirse como agua en el desierto y vitaminas en medio del camino. De algo sí puedo darte testimonio: Dios da en medio de la crisis una paz que sobrepasa todo entendimiento, y que inundará nuestra mente y nuestro corazón. Solo debemos pedirla y descansar en su amor. Créeme que no es algo imposible y es mejor que estar desgastándose humanamente intentando resolver el problema.

«Él ve el mapa completo, yo no; por eso es mejor esperar, orar, confiar y, ante todo, soltar».

---

6. *—¡Jesús, Maestro, ten compasión de nosotros! Al verlos, les dijo: —Vayan a presentarse a los sacerdotes. Resultó que, mientras iban de camino, quedaron limpios. Uno de ellos, al verse ya sano, regresó alabando a Dios a grandes voces. Cayó rostro en tierra a los pies de Jesús y le dio las gracias, no obstante que era samaritano. —¿Acaso no quedaron limpios los diez? —preguntó Jesús—. ¿Dónde están los otros nueve? ¿No hubo ninguno que regresara a dar gloria a Dios, excepto este extranjero? Levántate y vete —dijo al hombre—; tu fe te ha sanado* (Lucas 17: 11-19).

Esta historia podría reflejar muchas veces nuestra vida. Pensemos por un momento todos los favores que hemos recibido de Dios día a día, y cuán agradecidos hemos sido. Vemos que Él sanó a diez personas, pero solo una regresó para reconocer ese favor inmerecido.

No permitamos que las ocupaciones diarias nos impidan reconocer la obra de Dios en nosotros. Algo que me gusta practicar es aprender a ver los detalles de amor y no suponer que son casualidades de la vida; esto aumenta la fe.

7. *Algún tiempo después, Jesús se fue a la otra orilla del lago de Galilea o de Tiberíades. Y mucha gente lo seguía porque veían las señales que hacía en los enfermos. Entonces subió Jesús a una colina y se sentó con sus discípulos. Faltaba muy poco tiempo para la fiesta judía de la Pascua. Cuando Jesús alzó la vista y vio una gran multitud que venía hacia él, dijo a Felipe:*
   —¿Dónde vamos a comprar pan para que coma esta gente?
   Esto lo dijo solo para ponerlo a prueba, porque él ya sabía lo que iba a hacer.
   —Ni con el salario de más de seis meses de trabajo podríamos comprar suficiente pan para darle un pedazo a cada uno —respondió Felipe.
   Otro de sus discípulos, Andrés, que era hermano de Simón Pedro, le dijo:
   —Aquí hay un muchacho que tiene cinco panes de cebada y dos pescados, pero ¿qué es esto para tanta gente?
   —Hagan que se sienten todos —ordenó Jesús.
   En ese lugar había mucha hierba, así que se sentaron. Los varones adultos eran como cinco mil. Jesús tomó entonces los panes, dio gracias y distribuyó a los que

> *estaban sentados todo lo que quisieron. Lo mismo hizo con los pescados.*
> *Una vez que quedaron satisfechos, dijo a sus discípulos:*
> *—Recojan los pedazos que sobraron, para que no se desperdicie nada.*
> *Así que recogieron los pedazos que habían sobrado de los cinco panes de cebada y llenaron doce canastas* (Juan 6:1-13).

Cinco panes y dos peces en nuestras manos es poco, pero en las manos de Dios pueden ser el escenario perfecto para un milagro y multiplicación sin precedentes. Si razonamos el escenario de alimentar a más de cinco mil personas con eso, de verdad que parecería absurdo, pero Dios hace camino donde no hay nada y utiliza unas matemáticas muy diferentes a las nuestras. Fue así como aconteció un milagro poderoso. Una de las primeras cosas que Jesús hizo cuando le entregaron los panes y los peces fue dar gracias, con lo cual nos enseña el secreto para ver lo sobrenatural de Dios en nuestras vidas.

La expresión «gracias» tiene un efecto multiplicador y crea prosperidad. Lo que hoy tenemos quizá sea poco, pero en las manos de Dios es milagroso.

8. *¡Den gracias al Señor porque él es bueno; su gran amor perdura para siempre!* (Salmo 107:1).

A pesar de lo que podemos estar pasando, hay una verdad que no cambia: Dios es bueno siempre, Dios es siempre bueno, y ese perfecto amor es para siempre. A pesar de los momentos adversos, y aun cuando venga la duda, abracemos la verdad en nuestro corazón de creer en la bondad de Dios.

La fuerza de la gratitud es poderosa. Nos levanta el ánimo, nos hace ser conscientes de todo lo que tenemos y nos permite vivir en el presente.

> «La expresión "gracias" tiene un efecto multiplicador y crea prosperidad. Lo que hoy tenemos es quizá poco, pero en las manos de Dios es milagroso».

Ahora, quiero darte algunos consejos extras para que hagas de esta práctica un estilo de vida:

- Haz una lista cada día de aquello que agradeces en ese momento. Elimina las frases negativas y de queja que puedas tener.
- Controla lo que sí puedes controlar: tu actitud, pensamientos y palabras ante los retos diarios.

- Hazte rodear de las personas que sean positivas y agradecidas.
- Sé perseverante, ten confianza en Dios y en ti mismo.
- Aprende de tus errores y sé flexible.
- Aléjate de las personas negativas.
- Ten metas y trabaja por ellas cada día.
- Habla siempre bien de ti y de los demás.
- Sé agradecido en todo momento.

Recuerda: La gratitud convierte lo que tenemos en suficiente.

APLICACIÓN DE LO APRENDIDO

El Señor es mi fuerza y mi escudo; mi corazón en él confía; de él recibo ayuda. Mi corazón salta de alegría, y con cánticos le daré gracias (Salmo 28:7, CST).

«La gratitud convierte lo que tenemos en suficiente».

AFIRMACIONES POSITIVAS:

- Soy bendecido y vivo en abundancia.
- Agradezco por todo lo que tengo hoy.
- Tengo lo suficiente para ser feliz.
- La gratitud atrae bendición a mi vida.

- Merezco lo mejor.
- Dios es bueno siempre.
- La paz de Dios guarda mi mente y mi corazón.

1. ¿Qué significa la gratitud en mi vida?
2. ¿Por qué doy gracias hoy? Haz una lista y repásala todos los días en voz alta (esta rutina te permitirá tener una actitud positiva ante la vida).
3. ¿Qué actos de amor he recibido de parte de las demás personas? Haz una lista.
4. ¿Qué ha impedido que sea agradecido en mi vida?
5. ¿Qué haré de forma intencional para practicar la gratitud cada día?
6. ¿Por qué considero que la gratitud es importante para Dios?
7. Escríbele una carta de gratitud a una persona significativa para ti y envíasela.

ORACIÓN

Hoy vengo delante de ti, Dios, agradecido por todo lo que me has dado. Soy consciente de que tengo mucho más para agradecer que para pedir. Sé que has sido, eres y serás más que bueno conmigo, porque a pesar de que muchas veces no entienda nada, sé que siempre has estado ahí. Hoy te pido, Espíritu Santo, que me ayudes a ser una persona agradecida. Perdóname por las veces que he vivido desde la escasez y la queja, y no de la abundancia y la gratitud.

Hoy clamo para que renueves mi mente y limpies mi corazón. Tú conoces todo lo que anhelo y necesito; cumple tu voluntad y tu propósito en todo. Te doy gracias por lo que haces y harás, que todo sea para tu gloria, en el nombre de Jesús, amén.

CAPÍTULO 6

EL PODER DEL PENSAMIENTO

No se amolden al mundo actual, sino sean transformados mediante la renovación de su mente. Así podrán comprobar cómo es la voluntad de Dios: buena, agradable y perfecta.

ROMANOS 12:2

FRASE DE INSPIRACIÓN

¡ME BENDIGO CON SALUD MENTAL!

Existen muchos libros, estudios científicos y análisis sobre la mente. Este es uno de los temas que más me apasiona, en gran parte porque he visto que cuando se cambia la forma de pensar, también se cambia la manera de sentir, actuar e incluso la vida misma, lo cual trae mucha paz y plenitud a la persona.

La mayoría de las veces vemos las cosas como somos y no como son. Si bien es cierto que nacemos con un cerebro, la mente se va construyendo con el paso de los años y en las experiencias que vamos acumulando, especialmente en la primera infancia, es cuando se colocan las bases para todo ser humano, como ya establecimos.

Si hay algo desafiante de educar y controlar es la mente, ya que siempre estamos pensando. Cuando empecé a ser consciente de esto, aprendí que, si quería tener paz interna, tenía que pensar lo que iba a pensar.

Tengo que reconocer que en muchos momentos y ante situaciones personales soy de las que pienso muchos posibles escenarios, le doy vuelta al asunto una y otra vez o doy la vuelta para recordar lo que pasó. Hasta repito en mi mente el diálogo que escuché o tuve. Si todo eso me generó emociones positivas, es agradable recordarlo; pero si por el contrario me generó miedo, vergüenza, enojo o tristeza, he visto cómo cada vez que recuerdo es como si volviera a vivir ese episodio. ¿Te ha pasado?

Por eso, estimado amigo, es vital que tengamos esto presente: cada pensamiento me activa una emoción y esto me lleva a una acción. Podemos decir que somos lo que pensamos cada día; por eso es importante que a partir de hoy tomemos la iniciativa de velar por lo que permitimos que divague por nuestra mente y empecemos a establecer límites.

Es vital que la salud mental empiece a tomar relevancia en nuestra vida. Así como hacemos exámenes anuales de la parte física, debemos prestar mucha atención y cuidado a cómo nos sentimos emocionalmente, y buscar apoyo. La prevención es vital. Considero que todas las personas debemos tener un profesional y un espacio donde regularmente podamos hablar y abordar los temas que enfrentamos día a día. Esto nos ayudará en gran parte a cuidar la salud mental, emocional, física y espiritual.

Todo pensamiento que alimentamos se hace fuerte, se anidará en nosotros e impactará nuestra vida, ya que los pensamientos tienen el poder de activar una respuesta fisiológica y de influir en las células de nuestro cuerpo. Esta quizá sea una de las razones por las que muchas enfermedades son psicosomáticas (tienen una raíz emocional).

Medita en esto: ¿cuál es el pensamiento que alimentas constantemente?

Atendí a Rebeca en un proceso. Ella creció escuchando a su madre que le decía una y otra vez que solo las mujeres delgadas eran felices, exitosas y amadas. Estas frases llegaron a programar la mente de Rebeca desde muy niña y, conforme fue creciendo, el pensamiento se fue haciendo cada vez más fuerte hasta que llegó a convertirse en una obsesión por el peso y la imagen, creando una distorsión total. Esta idea no solo le afectó en su salud física, también llegó a su salud mental y emocional.

Según la neurociencia, la mente es como un árbol. Cada pensamiento ocupa un lugar físico, las ramas son esas conexiones neuronales y se comunican entre ellas por medio de la sinapsis. En esta comunicación es que se dan todas las reacciones y donde se produce el impacto directo para el resto del organismo, afectando grandemente la composición de nuestras células, el sistema nervioso, el inmunológico, el digestivo y el corazón.

Ser conscientes de que nuestros pensamientos pueden cambiar la estructura de nuestras células, debe llevarnos a tomar decisiones. Cuando Rebeca empezó a ver esto como una realidad en su vida, y luego de un proceso de sanidad y perdón hacia su madre, logró enviar a su mente y a su cuerpo el mensaje maravilloso de que era amada y aceptada en Jesús. Esto no solo cambió por completo su salud física o emocional. Logró ser libre de ese pensamiento de esclavitud que la limitaba en todo lo que quería emprender, ya fuera en asuntos laborales o de relaciones interpersonales.

Nuestro cerebro no sabe distinguir entre lo real y lo ficticio; todo lo cree. Por esta razón no existe un pensamiento inofensivo; todos y cada uno de ellos tienen un impacto real en nuestras vidas. Así que, estimado amigo, a partir de hoy te invito a que seas consciente de qué y cómo estás pensando, ya que eso influirá en tu vida y tu salud.

La mente siempre está activa. Se dice que el ser humano puede pasar días sin comer o tomar agua, pero jamás sin pensar. Durante el día se enfoca en el pensamiento, en la emoción, y esto va construyendo nuevas ramas en ese gran árbol. Ya por la noche la mente organiza toda esa información recibida y la termina de incorporar como parte de su contenido.

«No existe un pensamiento inofensivo: todos y cada uno de ellos tienen un impacto real en nuestras vidas».

Dios nos dio un maravilloso recurso que es la mente. Si la usamos adecuadamente, seremos personas muy felices.

Por esta razón, vale la pena que evaluemos y nos preguntemos: «¿Soy consciente de lo que estoy pensando? ¿Me establezco límites en la mente o solo "rumio" cada pensamiento por horas dejando que mis emociones se alteren y mi cuerpo reaccione?».

Esta es una de las razones principales por las que las personas han venido experimentando grandes aumentos de ansiedad y depresión. O nos vamos muy al pasado y nos quedamos anclados ahí, o nos vamos muy al futuro y nos llenamos de temor por no saber lo que puede venir. Con eso dejamos de lado la gran oportunidad de vivir con conciencia en el presente y en el ahora, soltando lo que ya pasó y perdonando a quien ya no está.

Analizando lo que escucho en las personas identifico que la gran mayoría enfrentan ansiedad por asuntos que no son reales o que no están pasando en ese momento. Antonio es un joven que va a casarse en los próximos meses. Cuando converso con él, lo siento más preocupado por pensar en qué pasaría si su futura esposa se aburre de él y le es infiel en el futuro. Todo este asunto que no es real le está robando la capacidad de disfrutar la maravillosa etapa en la que está, de cada preparativo de la boda y de iniciar una nueva familia.

Pensemos por un momento en cuántas veces hemos estado como Antonio, quizá no en cuanto a la pareja, pero sí en relación con la salud, el trabajo, el dinero, los hijos, entre otros. Ese exceso de futuro y de pensar en «qué pasaría si...» nos enferma y nos roba la paz.

Un pensamiento es una idea, y ahí están los recuerdos integrados. Mi forma de pensar, sentir y actuar (conducta) me llevan a comunicarme en una parte de forma consciente. Luego viene la parte subconsciente e incluye todo aquello que pasa en mi cuerpo y en las emociones. Esto me conecta con el inconsciente donde están todos los recuerdos acumulados; acá está el origen y la razón de por qué hacemos lo que hacemos. Nuestras acciones vienen provocadas por lo que hemos pensado y sentimos.

El pensamiento se construye a base de lo que escuchamos, lo que nos dicen, leemos o las experiencias. Es la suma de todos los recuerdos que tenemos, como una semilla que se siembra en nosotros. Si la regamos, si invertimos nuestra fuerza y energía en esa semilla, la idea crecerá con fuerza. Si la seguimos alimentando, podría llegar a dominar nuestra vida.

Medita un momento: ¿Qué idea has venido alimentando que no es positiva y que te drena la fuerza y el ánimo?

La maravillosa noticia es que en nuestras manos tenemos la oportunidad de transformar la mente. Sobre todo, creo en la importancia de pedirle al Espíritu Santo que llegue a lo más profundo del inconsciente, sane y renueve toda idea que nos lastima, nos daña y afecta nuestra identidad y nuestra vida en general.

Muchas veces he tenido que venir delante de Dios para pedirle que me ayude porque mi mente no se detiene, y cuando veo lo que pienso, quizá me dé cuenta de que no es saludable. A pesar de que lo leo y estudio desde la psicología, sé que necesito que el Espíritu Santo me ayude y sane mi mente, porque no es algo que yo desde mi humanidad pueda controlar de forma sostenida.

Solo a través del poder de Dios podremos asumir responsabilidad y ejercer dominio propio sobre nuestra mente tal y como lo enseña este versículo:

Pues Dios no nos ha dado un espíritu de timidez, sino de poder, de amor y de dominio propio (2 Timoteo 1:7).

Este pasaje relaciona la timidez con el temor, con aquello que nos limita y nos impide avanzar. En ese poder, amor y dominio propio que se nos ha dado tenemos la capacidad de transformar el pensamiento que se ha construido o alimentado, y optar por una nueva creencia.

En mis sesiones trabajo este asunto con mis pacientes, les pido que hagan una lista de sus pensamientos limitantes, de todas aquellas ideas que les genera emociones negativas, llenas de dolor y que quizá hasta impactan su cuerpo. Una vez que las identifican, les pido que las cambien por una nueva idea positiva que les genere paz y que vaya acorde con lo que son y merecen. Creo que si a eso se le suma algún versículo que aplique al tema, se notará un cambio más rápido y sostenido en el tiempo. Dios llega donde nadie más puede llegar para sanar.

Otra estrategia es empezar a llevar un registro diario sobre cómo me siento, qué me pasó en el día, qué afectó mis emociones y mi conducta. Cuando vamos observando esto, podemos desarrollar conciencia, tomar acción y generar un cambio.

ADMINISTREMOS LA MENTE CON SABIDURÍA

Dichoso el que halla sabiduría, el que adquiere inteligencia (Proverbios 3:13).

Vivir con sabiduría e inteligencia nos hace personas dichosas, que son plenas y que viven en paz. Quizá desde pequeños no tuvimos la guía en cuanto a la inteligencia emocional, la administración de nuestras emociones o nuestros pensamientos, pero hoy de adultos es nuestra responsabilidad tomar acción sobre el asunto.

Debemos ser conscientes de qué y cómo pensamos. Una vez identificado eso, debemos convertirnos en editores de cada idea; evaluarla para identificar si es útil o sana, ya que cada una de ellas no solo afectará mi salud, sino que me llevará a actuar y a tener hábitos de vida. Una forma de lograrlo es lo que te recomendé anteriormente. En mi trabajo he visto cómo cuando una persona reconoce que un pensamiento le limita, le quita poder y empieza a colocar una nueva creencia, su vida empieza a dar un giro completo y se ve reflejado en cómo se siente día a día.

La ciencia y la tecnología avanzan sin detenerse, pero a la vez aumentan las enfermedades, la ansiedad, la depresión y muchas cosas como resultado del estrés. Eso nos debe llevar a evaluar nuestro estilo de vida en asuntos como la alimentación, el ejercicio, las horas de sueño, el contacto con la naturaleza, las relaciones interpersonales saludables, entre otras prácticas que traen grandes beneficios. Si todo esto falta, nos enfermaremos y no podremos vivir a plenitud la vida que Dios nos regala. Si hay algo que debemos valorar es la salud y verla como algo integral.

Hace más de dos años Dios me dio una estrategia que empecé a realizar mes a mes llamada «Día de conexión».

Costa Rica es un hermoso país lleno de flora y fauna. La actividad consiste en irnos a la montaña, caminar, tener contacto con la naturaleza y con otras personas. Cuando vamos a iniciar este día de retiro, siempre invito para que cada persona se desconecte del estrés que vive a diario, y solo se enfoque en el disfrute del día y lo que Dios le quiere hablar a través de su creación. Es realmente hermoso escuchar al final del día la experiencia de cada uno. Una actividad de estas nos reinicia y nos da fuerzas físicas, emocionales, mentales y espirituales para seguir avanzando en la vida.

Hoy en día es más fácil tomarse una pastilla que trabajar la causa de la situación que enfrentamos. Creo que hay casos donde el medicamento puede ser un ayudante, pero no debería convertirse en la salida «rápida al problema». Si no se aborda desde la raíz la situación que se vive, no se darán cambios sostenidos en el tiempo. Por eso recomiendo tener cuidado con el uso excesivo de los medicamentos y trabajar los problemas emocionales de forma integral.

Mente sana, cuerpo sano. Todo inicia en la mente.

LA AUTOCONSCIENCIA NOS LLEVA AL CAMBIO

En medio de una sociedad que se mueve tan rápidamente y que nos quiera arrastrar con ella, es valiosísimo hacer una pausa y observarse. Debemos hacerlo sin juicio, con amor, con consciencia del presente, y desarrollar ese estado de paz que tanto anhelamos como seres humanos.

La neuroplasticidad del cerebro, su capacidad de cambiar, se desarrolla cuando somos capaces de vernos y decidir remodelar nuestra mente, cambiando la forma de pensar y de cada idea limitante que tenemos. Para lograrlo, debemos ser intencionales y tomar tiempos para vernos por dentro.

La autorregulación mental nos lleva a evaluar qué y cómo estamos pensando, sintiendo y actuando. Esto nos hará reaccionar para cambiar de pensamiento, si este no es saludable. Parte de esta autoconsciencia es revisar cómo está nuestro estilo de vida, más que todo con el exceso de tareas, el estrés, los malos hábitos y las carreras constantes. Es fácil en nuestros días perderse en el corre corre, porque todo urge y pensamos que cuando tengamos tiempo, haremos las pausas.

Sin embargo, si no nos detenemos por las buenas, tarde o temprano nuestra mente y cuerpo colapsarán y nos obligarán a hacer una pausa. No vale la pena llegar a ese punto, que muchas veces es sin retorno.

Hace poco conversaba con Julio, quien ronda los cincuenta años. Su salud está muy comprometida y su médico le dijo que la causa principal era el estrés, el cual provocó que su cuerpo colapsara. Recuerdo que una de las frases que repetía era: «Si yo hubiera sabido que esto me iba a pasar, no habría corrido tanto por la vida. Al final del camino me pregunto si valió la pena, porque hoy lo único que quiero es paz, salud y estar con mi familia».

TODO PENSAMIENTO ALTERA MI INTERIOR

Cada vez que pensamos se da toda una cadena de reacciones fisiológicas. Es muy valioso que lo comprendamos, ya que esto nos despertará para tomar acción y tener cuidado en cada pensamiento.

Cuando escuchamos o pensamos en algo que coloca nuestro organismo en estado de alerta, se envía una señal a la zona del cerebro llamada hipotálamo (el cual ayuda a mantener el equilibrio de las funciones corporales internas), que posteriormente activa otras zonas. En ese momento el organismo, de forma involuntaria, envía respuestas a través de las hormonas y los nervios para buscar defenderse. Es por eso que frente a un acontecimiento estresante hemos visto cómo nuestro ritmo cardiaco se altera, aparece la sudoración, taquicardia, sequedad en la boca, entre otras reacciones.

Dios diseñó nuestro cuerpo de una forma admirable, pero cuando nos desequilibramos a través de los pensamientos, es como si un auto se saliera de la carretera perdiendo el control. Recordemos algún momento de nuestra vida cuando se activó ese estado de alerta, diseñado para defendernos ante el peligro, pero no para permanecer en él. ¿Cómo reaccionó tu cuerpo?

Cuando pasé por la etapa que conté en el capítulo 2, mi cuerpo estaba en alerta completa, a tal punto que me daba una sequedad en la boca que jamás había experimentado. Aunque tomaba agua no se quitaba. Era una sed tan extraña que no sentía ni siquiera cuando hacía ejercicio. Una vez pasada la situación, mi cuerpo tardaba horas en volver a su estado natural de paz. Fue un tiempo que no quiero repetir.

Siguiendo con el proceso que afecta nuestro cuerpo por ese estado de alerta, toda esta información pasa por el tálamo y la corteza cerebral, donde se procesa todo y se dan las respuestas a la amenaza. Las glándulas suprarrenales (que se encuentran encima de los riñones), al recibir la señal del hipotálamo, liberan hormonas, entre las que destacan ante un acontecimiento estresante, la adrenalina y el cortisol.

Todo este proceso es asombroso y se da cada vez que pensamos en algo que nos genera estrés, ansiedad o temor. Sea real o imaginario, siempre se da el mismo proceso. Por eso necesitamos tomar consciencia, acción y educar la mente por medio del autocontrol, de la sanidad emocional y de la renovación de las ideas.

El cortisol en sí no es malo, es una hormona que genera nuestro cuerpo para algunas funciones específicas. Lo perjudicial es el exceso en nuestro organismo, producido por estar siempre en estado de alerta por cosas que quizá no están pasando, pero las rumiamos o las imaginamos en la mente.

El cortisol nos permite reaccionar de forma rápida ante un peligro real. Si no tuviéramos esta hormona, quizá nos quedaríamos sentados en un incendio viendo cómo poco a poco las llamas se acercan a nosotros hasta consumirnos. Dios, en su inmensa sabiduría, colocó en nosotros esta hormona para que, de forma equilibrada, nos permita reaccionar y buscar protegernos. Una vez más vemos que somos lo que sentimos y pensamos, y esto nos llevará a actuar. Del noventa al cien por ciento de las cosas que nos preocupan nunca llegan a suceder, pero el cuerpo y la mente las viven como si fueran reales.

Como personas de fe debemos reaccionar y ser conscientes de que, si no cambiamos la forma de pensar, seguiremos intoxicando el cuerpo y esto no solo nos enfermará, sino que nos privará de vivir una vida de abundancia en Jesús.

VIVIR EN EL MOMENTO PRESENTE

Como ya analizamos, la mente tiene gran poder en nosotros. El tema es muy amplio y tiene muchos enfoques. En lo personal me apasiona, porque creo que cuando somos conscientes de cómo funcionamos y cómo Dios nos creó, podemos ser más responsables.

Así como un pensamiento tóxico altera las hormonas y nuestro organismo, también los pensamientos positivos, el vivir en paz, plenitud y sobre todo en una relación personal con Dios, nos producen bienestar real y sostenido en el tiempo. Por eso sigo trabajando en instar a las personas a buscar crecer de forma integral, sin dejar de lado ninguno de estos aspectos.

¡Tú guardarás en perfecta paz a todos los que confían en ti, a todos los que concentran en ti sus pensamientos!
(Isaías 26:3, NTV)

El plan de Dios es que tú y yo vivamos en perfecta paz. Esto lo logramos cuando confiamos en Dios, aprendemos a soltar y enfocamos nuestra mente en fortalecer nuestra fe y en aquello que es positivo y nos genera paz. La felicidad tiene que ver en cómo interpretamos lo que nos pasa y en cómo asimilamos una realidad. Por eso es vital que, si algo nos está afectando, busquemos apoyo interdisciplinario para salir adelante.

Cada vez que tengo la oportunidad de hablar con alguien le motivo para que elija vivir y no sobrevivir. La vida es un regalo de Dios; no permitamos que el pensamiento acelerado nos llene de estrés y ansiedad. Cuando algo te genera eso, busca un espacio, respira profundo, ora, escribe, sal a caminar un poco. Entonces, en vez de estar dándole tanta vuelta al mismo pensamiento, analiza si puedes hacer algo. Si es de esa manera, hazlo, y aprende a soltar y confiar.

RECOMENDACIONES FINALES:

- Enfócate cada día en identificar y observar los detalles y las cosas positivas que pasan en tu entorno. Te vas a sorprender cuando empieces a verlos con detenimiento.
- Disfruta el momento presente. Saborea todo lo que hagas, comas, leas, cantes; disfruta más el hecho de estar con vida. No vivas en piloto automático.
- Empieza a asumir la responsabilidad de tu vida; en tus manos tienes el poder de elección. De eso hablaré en el próximo capítulo con más detalle.
- Toma tiempos para orar y meditar cada día, esto te dará una fuerza interna. A la vez, sin embargo, debes recordar trabajar la mente; es un trabajo paralelo.
- Adopta el hábito de la escritura. Es un recurso terapéutico que te ayudará a poner en orden tus ideas.
- Haz ejercicio y come saludable. Más contacto con la naturaleza y menos pantallas.
- Abraza y ama a las personas que tienes al lado. Las relaciones saludables nos dan bienestar, y esta interacción nos activa la hormona llamada oxitocina y nos permite vivir en mayor plenitud.

«La vida es un regalo de Dios: no permitamos que el pensamiento acelerado nos llene de estrés y ansiedad».

APLICACIÓN DE LO APRENDIDO

Examíname, oh Dios, y sondea mi corazón, ponme a prueba y sondea mis pensamientos. Fíjate en si voy por mal camino, y guíame por el camino eterno (Salmo 139:23-24, CST).

AFIRMACIONES POSITIVAS:

- Mis pensamientos me generan paz.
- Mi futuro está seguro en las manos de Dios.
- Mi diálogo interno está lleno de amor y paz.
- Tengo salud mental, emocional y física.
- Tengo una mente sana y un cuerpo sano.
- Soy feliz y vivo en plenitud.
- La paz de Dios gobierna mi mente.

1. ¿Cuáles son los pensamientos más recurrentes en mi vida?
2. ¿Qué emociones he tenido en los últimos días?
3. ¿Qué me generan, a nivel emocional y físico, los pensamientos que tengo?
4. Al despertar, ¿cuál es el primer pensamiento que tengo? Escríbelo, y si no es un pensamiento positivo, empieza a colocar una nueva frase o creencia positiva.
5. ¿Qué límites necesito colocar en mi mente para dejar de rumiar los mismos pensamientos?

6. Luego de leer este capítulo, ¿a qué te comprometes? ¿Qué harás de forma consciente para renovar tu mente?
7. En los próximos quince días, haz una lista de cuáles son los pensamientos limitantes que te impiden avanzar. Luego de identificarlos y escribirlos, coloca al lado una nueva frase que eliges para que sea tu nueva creencia. Puedes también buscar un versículo que hable sobre esto.

ORACIÓN

Amado Dios, hoy me presento delante de ti reconociendo que te necesito. Sé que mi mente ha estado siendo golpeada y programada con muchas ideas que me generan temor, ansiedad, duda, estrés, y que todo eso está afectando mi salud mental, emocional física y espiritual. Hoy te pido, Espíritu Santo, que vengas y renueves todo mi ser. Llega a mi inconsciente y sáname de todo recuerdo doloroso que ha estado influyendo en mi vida, bendice mi sistema nervioso, sana cada conexión neuronal y todo aquello que está afectado. Hoy te pido que renueves mi mente y me llenes con el poder de tu Espíritu Santo para vivir en plenitud y paz. Te pido que tu propósito se cumpla en mi vida. En el nombre de Jesús, amén.

CAPÍTULO 7

SOMOS NUESTRAS DECISIONES

Cada uno cosecha lo que siembra.

GÁLATAS 6:7

FRASE DE INSPIRACIÓN

¡DIOS ME DA LA SABIDURÍA QUE NECESITO!

En nuestras manos tenemos un gran poder: el de tomar decisiones. Las tomamos desde que abrimos los ojos tanto a la hora que nos levantamos, si nos bañamos o desayunamos primero, cuál ropa usaremos, por cuál camino nos iremos al trabajo, qué haremos primero, qué comeremos durante el día, entre otras.

Algunas son más trascendentales, pero al final del día todas influyen en nosotros, nos traen consecuencias (positivas o negativas), o nos acercan o alejan de la meta que tenemos en cualquier aspecto. Al utilizar este poder de decisión, podemos superar toda excusa y generar el cambio que queremos en aquello que sabemos que tenemos que mejorar. Por eso es vital que tomemos el tiempo para pensar qué queremos y qué no queremos en nuestra vida; solo así podremos tomar acción y crecer. Piensa por un momento: ¿Tomas decisiones o permites que los demás decidan por ti? ¿Tus decisiones han sido útiles y sabias, o inútiles y necias?

La mejor forma de saberlo es ver los frutos y lo que tenemos hoy. Sé que también en ocasiones las vivencias pueden cambiar el rumbo de las cosas. Sin embargo, llegará un momento del proceso donde está en nuestras manos decidir y elegir un camino diferente.

He visto a muchas personas que amo estar afectadas de salud en sus años dorados, lo cual me llevó a estresarme y pensar que así pasaría conmigo cuando fuera mayor. Quizá al inicio sentí temor, pero luego me dije: «Si no quiero repetir patrones, tengo que tomar la sabia decisión de empezar hoy mismo a cuidarme y tomar el camino de la prevención, ya luego podría ser tarde».

Fue así que empecé a mis treinta años a generar consciencia de comer saludable y hacer ejercicio, no solo por cuestión de apariencia, sino ante todo por salud. En lo personal, anhelo y le pido a Dios que me ayude para llegar a ser una viejita saludable integralmente y poder servirle a Él y a las personas. Dios nos ha dado la libertad para que tomemos decisiones tal y como se ilustra en este pasaje:

> *Hoy te doy a elegir entre la vida y la muerte, entre el bien y el mal. Hoy te ordeno que ames al Señor tu Dios, que andes en sus caminos, y que cumplas sus mandamientos, preceptos y leyes. Así vivirás y te multiplicarás, y el Señor tu Dios te bendecirá en la tierra de la que vas a tomar posesión. Pero, si tu corazón se rebela y no obedeces, sino que te desvías para adorar y servir a otros dioses, te advierto hoy que serás destruido sin remedio. No vivirás mucho tiempo en el territorio que vas a poseer después de cruzar el Jordán* (Deuteronomio 30:15-18, CST).

La Palabra es clara, podemos elegir entre la vida y la muerte. La recomendación de Dios es que optemos por la vida, pero a la vez nos hace una fuerte aclaración y es que, si nuestro corazón se rebela, se aleja y desobedece, las consecuencias vendrán.

«Dios nos ha dado la libertad para que tomemos decisiones».

Escucho y leo acerca de muchas personas que hoy lloran porque eligieron mal a su pareja, su carrera profesional, su lugar de trabajo, por comprar autos o casas que no podían pagar. En fin, por tomar decisiones apresuradas y sin la dirección de Dios. Al ver estos casos siento la gran necesidad de que juntos hagamos hoy un alto y revisemos cómo estamos decidiendo, si lo que tenemos hoy nos gusta y si estamos viviendo en paz.

Como decía el versículo inicial: «Cada uno cosecha lo que siembra». Podríamos decir que todo lo que decidimos o no, se convierte en la base donde fundamentamos nuestras acciones y las consecuencias de lo que tenemos. Hay síes que son de destrucción, por eso necesitamos aprender a escuchar a Dios, buscar su guía y también tener consejo de personas sabias que nos orienten.

> *Sin dirección, la nación fracasa; el éxito depende de los muchos consejeros* (Proverbios 11:14, CST).

Tomar decisiones sin meditar o sin dirección nos llevará al fracaso, a la deuda, al divorcio, a la enfermedad y hasta la muerte. Por el contrario, el pedirle a Dios es de gran ayuda, y buscar consejo en el lugar adecuado nos llevará al éxito, a la abundancia, a la salud, a la paz y a la vida. Es nuestra elección.

Hay tres puntos vitales para elegir asertivamente: responsabilidad, compromiso y sabiduría. Esto no solo nos llevará a ser asertivos, sino a tomar acción y hacer que las cosas sucedan, porque no tomar la iniciativa es elegir quedarse estancado. Creo que Dios nos ha diseñado con propósito, hay un plan y diferentes regalos que por gracia nos quiere dar, pero nos toca a nosotros activarlos por medio de la fe y la acción.

Así también la fe por sí sola, si no tiene obras, está muerta (Santiago 2:17, CST).

Hace unos años hice una compra de algo que quería, pero no era el momento. Quizá al inicio me emocioné, le dije a Dios que me guiara, pero debo admitir que me ganó el sentimiento de alegría y no valoré posibilidades, tiempos y tampoco busqué consejo, así que realicé la compra. Al inicio, todo era maravilloso, pues tenía diferentes ingresos económicos, pero a los meses un contrato se dio por terminado y quizá ese dinero con el cual contaba ya no estaba. Esto provocó que mis finanzas se vieran afectadas y por años tuviera que asumir las consecuencias de restricción de mis gastos, y que gran parte de mis ingresos se iban en pagar intereses. Cada vez que veía el recibo y y revisaba el monto real de la reducción de deuda mi corazón se entristecía.

Admito que por muchos años lloré, me arrepentí y le pedí perdón a Dios. Sé que Él me perdonó, pero yo debía asumir consecuencias. Sin embargo, vi su fidelidad mes a mes, hasta que luego de orar por muchos años por un milagro, Él hizo algo extraordinario y pude cancelar el monto que debía. Este proceso fue doloroso, pero me enseñó a que todo tiene su tiempo y que la deuda no es el camino bíblico para adquirir las cosas. Hoy gracias a Dios estoy libre de deudas y mis finanzas están saludables, pero no siempre fue así.

Por eso sé que cada decisión cuenta y que no debemos dejarnos llevar por presión social ni emociones; necesitamos sabiduría de Dios.

RESPONSABILIDAD

Este es un valor que nos abre y nos mantiene abiertas las puertas. Una persona responsable siempre va a sobresalir sin importar donde esté. La responsabilidad es la que nos permite hacer una pausa, contar hasta diez, dejar que la emoción baje y elegir considerando cada una de las posibilidades, así como medir los pros y los contras.

> *Supongamos que alguno de ustedes quiere construir una torre. ¿Acaso no se sienta primero a calcular el costo para ver si tiene suficiente dinero para terminarla?* (Lucas 14:28).

Sentarse, orar, calcular, medir, analizar y revisar son claves importantes para ser asertivos. Esto aplica sin importar el asunto, la edad, el estado civil o el género.

La palabra responsabilidad es una palabra que denota tener habilidad para responder frente a una situación o un llamado. Si cada uno de nosotros asumiera responsabilidad en lo que hacemos o dejamos de hacer cada día, muchas cosas serían diferentes y podríamos aportar mucho valor a la vida de los demás. Sin embargo, hay situaciones en el corazón del ser humano que le inhabilitan para responder con valores y principios, lo cual los lleva a elegir desde la carencia.

Recuerdo la experiencia de Carla, una mujer joven que se había involucrado en una relación con un hombre casado (veinte años mayor que ella). Al preguntarle la razón, alegó que se sentía muy sola, que no había crecido con su papá y que este hombre (muy estratégico) le daba mucha atención, detalles y cierta compañía.

Evidentemente ella tenía un vacío emocional muy grande que dejó su papá y, además, no tenía relaciones de amistad significativas, lo que la llevó a conformarse e involucrarse en esta relación que ya llevaba más de diez años. Luego de trabajar en un proceso de sanidad, amor propio y de dejarle claro que esa relación no era de bendición, ella tomó la decisión de terminar la relación. No fue fácil por el apego que había, pero con la ayuda de Dios, el acompañamiento y las estrategias claras, logró poner punto final, asumir la responsabilidad e iniciar un nuevo camino. No fue hasta el momento cuando estuvo sana y consciente que pudo asumir dicha responsabilidad para tener un cambio real.

La responsabilidad es esa habilidad de tomar acción en cada momento y circunstancia de la vida, aprender de los errores, corregir, pedir perdón, enmendar la falta y buscar un cambio de actitud.

COMPROMISO

Otro elemento que me lleva a la acción y al crecimiento en diferentes aspectos es el compromiso. Como *coach* veo día a día que muchas personas no logran alcanzar sus metas y cambios que anhelan, pues este ingrediente tan valioso no está presente en las decisiones diarias. Para avanzar, hay que comprometerse con uno mismo y con los demás.

El compromiso lo expreso con mis palabras, pero lo voy a demostrar con las acciones que realizo. Lo que hagamos cada día y las decisiones que tomemos es lo que nos llevarán a avanzar o a estancarnos, y demuestran si estoy comprometido o no, con algo o con alguien,

Si hay algo valioso que tenemos todos es el tiempo, el cual no vale oro, vale vida, y no lo podemos perder por falta de claridad en cuanto a la responsabilidad y compromiso.

Tres palabras describen la mediocridad con gran exactitud: «No tuve tiempo». Es necesario que te preguntes si tus prioridades y decisiones están siendo establecidas y tomadas con sabiduría, la dirección de Dios y la meditación personal, o si por el contrario son el resultado de algo impulsivo.

Quiero pedirte que te hagas estas preguntas:

- ¿Con quién o qué estás comprometido?
- ¿Estás comprometido contigo mismo sobre el futuro que sueñas tener?
- ¿Eres líder o víctima de las circunstancias?
- ¿Estás buscando la sabiduría de Dios para tomar tus decisiones?

Ser responsable es tener la habilidad de responder a tiempo. Como adultos, debemos asumir ese compromiso en cada aspecto de nuestra vida. Muchas veces nos escudamos en excusas vacías o en echarle la culpa a los demás, para librarnos de cargos personales; esto limita el éxito en nuestra vida.

Si queremos avanzar, disfrutar la vida y tener mayor plenitud, debemos comprometernos con el proceso de nuestra vida y buscar el crecimiento en cada faceta de la vida. Sin compromiso las cosas no suceden.

«Ser responsable es tener la habilidad de responder a tiempo».

APLICACIÓN DE LO APRENDIDO

No seas sabio en tu propia opinión; más bien, teme al Señor y huye del mal. Esto infundirá salud a tu cuerpo y fortalecerá tus huesos. (Proverbios 3:7-8).

AFIRMACIONES POSITIVAS:

- Le pido a Dios sabiduría en cada paso que doy.
- Elijo lo que me hace crecer.
- Elijo con fe y no con miedo.
- Cada decisión construye el futuro que deseo tener.
- Hoy me perdono por cada decisión equivocada que tomé en el pasado.
- El éxito no es un golpe de suerte, es algo que se construye con la dirección de Dios.
- Soy una persona responsable y estoy comprometido con mi proceso.

1. Cuándo tienes que tomar una decisión, ¿qué es lo primero que haces?
2. ¿Oras y le pides la dirección a Dios sobre tus decisiones?
3. ¿Has tomado alguna decisión equivocada? ¿Cómo te sientes al respecto?
4. ¿Cargas con alguna culpa por haber tomado una mala decisión?

5. ¿En qué aspectos necesitas tomar decisiones para tener bienestar integral?
6. ¿A cuáles personas cercanas les pides consejo ante los desafíos que tienes que enfrentar?
7. ¿Qué harás a partir de hoy para tomar mejores decisiones en tu vida?

ORACIÓN

Amado Padre, hoy me presento delante de ti y reconozco mi gran necesidad. Quiero agradecerte, pues en todo tiempo eres bueno y tu misericordia se prolonga cada día para mí. Hoy te pido perdón por las veces que he tomado decisiones que no son conforme a tu voluntad. Te entrego mi vida, mi mente, mis emociones, mi corazón, mi pasado, mi presente y mi futuro. Toma el control de todo y cumple tu perfecto plan en mi vida. Te pido Espíritu Santo que me guíes a toda verdad y me muestres el camino que es agradable ante ti. En el nombre de Jesús, amén.

CAPÍTULO 8

DISFRUTEMOS LAS BENDICIONES

Toda la alabanza sea para Dios, el Padre de nuestro Señor Jesucristo, quien nos ha bendecido con toda clase de bendiciones espirituales en los lugares celestiales, porque estamos unidos a Cristo.

EFESIOS 1:3, NTV

FRASE DE INSPIRACIÓN

¡SOY UNA PERSONA BENDECIDA!

Estar con vida es un completo regalo. Cada día deberíamos iniciar nuestra jornada con una actitud de asombro por todo lo que vamos a vivir. Sin embargo, en el transcurso de las horas y con todo lo que tenemos que resolver, es fácil ir en piloto automático y dejar de vivir en plenitud, paz y contemplando cada detalle.

Muchas veces pensamos que cuando tengamos algo en específico seremos y estaremos completos, lo cual no es cierto; pensar así nos drena, nos impide vivir y disfrutar de todo lo que tenemos hoy.

Cuando nos detenemos y contemplamos todo lo que sí tenemos, es donde podemos darnos cuenta lo bendecidos que somos.

¿Sabías que eres una persona bendecida?

¿Sabías que hay regalos que llevan tu nombre porque ya Dios te los dio?

Quiero invitarte para que reflexiones en esas dos preguntas y, al hacerlo, te hagas esta tercera: ¿Vives como una persona bendecida? Esto no significa que la vida sea perfecta, pero sí que te enfocas en vivir al máximo, con plenitud y disfrutando el proceso.

Cada detalle que la vida nos da es una completa bendición. Ver un atardecer, contemplar la naturaleza, la sonrisa de una persona, un abrazo, un detalle inesperado, estar con familiares o amigos, el trabajo, la salud, el alimento, el vestido, todo, absolutamente todo es una bendición y así tenemos que verlo. El día que perdemos eso de perspectiva y damos todo por sentado, nos acostumbramos y perdemos el sentido de los detalles. Por eso muchas veces la vida pierde su color y deja de ser una bendición para convertirse en algo «normal» y rutinario.

DE LO ORDINARIO A LO EXTRAORDINARIO

Una de las peticiones que le hago a Dios cada día es: «Señor, ¡enséñame a disfrutar la vida!».

Algo que me ha pasado y en lo que quizá te identificas conmigo es que en muchos momentos me he visto tan saturada de reuniones, trabajo, estudio y actividades por hacer, que he caído en el «agotamiento», en estado mental, físico y emocional de fatiga extrema, causada por exceso de estrés en un tiempo prolongado.

Esto no solo hizo que me sintiera agotada y afectada físicamente, sino que también me llevó a no querer hacer nada. Solo quería dormir y dormir. Me afectó en diferentes aspectos y tuve que detenerme.

Si bien es cierto que es bueno estar activo, debemos hacer un equilibrio saludable entre productividad, descanso, agenda y vida. De lo contrario, estaremos constantemente en este estado que no es saludable y hasta puede llegar a ser peligroso al impactar nuestra salud, llevándonos a un cuadro de ansiedad, depresión o estrés crónico.

Detenerse a tiempo es de sabios y eso lo he aprendido cuando estoy en esos momentos. Lo ideal sería hacerlo desde antes.

Muchas veces podemos tener la idea errónea que disfrutar es irse de vacaciones a un lugar exuberante. Eso es maravilloso, pero no es la única forma de disfrutar. Disfrutar se convierte más en una decisión personal que en el lugar donde estemos o lo que hagamos. Vivir en una zona libre de estrés es hoy en día un completo desafío, por lo rápido que va todo y por el exceso de tareas que tenemos a diario. Aunque pareciera inalcanzable vivir sin el famoso estrés, debemos ser conscientes de lo valioso que es buscar la paz a pesar de los desafíos. Uno de los estados más buscados por el ser humano en nuestros días es la calma.

Hay cosas que generan un disfrute temporal, pero nuestro mayor enfoque debe estar en aquello que produce un disfrute eterno y real. Podemos tener una casa enorme, pero quizá no un hogar; podemos tener dinero, pero quizá no con quién compartirlo de forma genuina y sin intereses; podemos comer algo delicioso y no ser conscientes de su sabor; podemos ser los gerentes de una gran empresa, pero quizá hemos descuidado nuestra familia. Es por eso que la mirada y el corazón deben estar sanos y enfocados. Como dijo el autor francés Antoine de Saint-Exupéry: «Lo esencial es invisible a los ojos».

Muchas cosas extraordinarias nos suceden día a día, pero pocas veces somos conscientes de verlas, disfrutarlas, vivirlas al máximo y estar presentes en el aquí y ahora. Así sin hacer esto, es como la vida se nos va rápido y sin sentido, dejando de disfrutar las bendiciones.

Además, a quien Dios le concede abundancia y riquezas, también le concede comer de ellas, y tomar su parte y disfrutar de sus afanes, pues esto es don de Dios. Y, como Dios le llena de alegría el corazón, muy poco reflexiona el hombre en cuanto a su vida
(Eclesiastés 5:19-20, CST).

Como lo dicen estos versículos, disfrutar de todo lo que tenemos es un don o regalo de Dios, el cual tiene en sus planes que disfrutemos de la abundancia y la riqueza, sin importar cantidades.

Cuando decimos que ya somos bendecidos, significa que somos supremamente dichosos, que ya Dios, para sus hijos, determinó lo mejor de lo mejor. Aprender a caminar por fe nos hace creer que, si nosotros hacemos nuestra parte, Dios hará la suya y concretará en el plano natural y terrenal todo lo que ya nos dijo en su Palabra.

Es por eso que no se trata de religión, sino de relación y de iniciar una vida donde nuestra espiritualidad esté activa y se cultive cada día. Para esto recomiendo que seamos parte de una comunidad de fe, un grupo de estudio bíblico o alguna opción que te acerque al corazón de Jesús, y donde a través de una sana y bíblica doctrina, te enseñen todo lo que ya Dios te dio por su amor y gracia. Solo debes acceder a ello, pero si no lo conoces, no podrás activarlo ni vivirlo.

Cuando tenemos presente las promesas y bendiciones de Dios para nosotros, podremos vivir en el plano sobrenatural, tener más paz y vivir sin tanta preocupación, optando por confiar y creer.

Sé que esto puede parecer ilógico, y quizá lo sea en la mente y en el plano humano, pero de seguro que la visión y hasta las matemáticas de Dios son muy diferentes a las nuestras. Él ve lo que tú y yo no somos capaces de ver, pensar o soñar.

> *Sin embargo, como está escrito: «Ningún ojo ha visto, ningún oído ha escuchado, ningún corazón ha concebido lo que Dios ha preparado para quienes lo aman»* (1 Corintios 2:9).

¿Crees que Dios ha preparado para ti mucho más de lo que te imaginas? Esto es lo que te llevará a vivir de lo ordinario a lo extraordinario.

¡YA ERES BENDECIDO!

Si hoy te dieran un cheque con miles de dólares a tu nombre como un regalo, ¿acaso lo dejarías ahí tirado? La respuesta es obvia: irías al banco inmediatamente para que te lo transfieran a tu cuenta y poder disfrutar de ese regalo. Pues con mucha más razón, interés y acción debemos acceder a lo que Dios tiene para nosotros y que se nos ha dado como un regalo. Esto nos llevará a vivir con más plenitud.

En la Biblia vas a encontrar muchas bendiciones de Dios; aquí quiero mostrarte algunas:

La bendición de la salvación	Porque por gracia ustedes han sido salvados mediante la fe. Esto no procede de ustedes, sino que es el regalo de Dios (Efesios 2:8).
La bendición de ser libre	Cristo nos libertó para que vivamos en libertad. Por lo tanto, manténganse firmes y no se sometan nuevamente al yugo de esclavitud (Gálatas 5:1).
La bendición de ser amado	Hace mucho tiempo se me apareció el Señor y me dijo: «Con amor eterno te he amado; por eso te sigo con fidelidad» (Jeremías 31:3).
La bendición de ser aceptado	Sin embargo, los que el Padre me ha dado vendrán a mí, y jamás los rechazaré (Juan 6:37, NTV).
La bendición de ser perdonado	Por el contrario, sean amables unos con otros, sean de buen corazón, y perdónense unos a otros, tal como Dios los ha perdonado a ustedes por medio de Cristo (Efesios 4:32, NTV).
La bendición de ser más que vencedor/ fuerte	Sin embargo, en todo esto somos más que vencedores por medio de aquel que nos amó. Pues estoy convencido de que ni la muerte ni la vida, ni los ángeles ni los demonios, ni lo presente ni lo por venir, ni los poderes, ni lo alto ni lo profundo, ni cosa alguna en toda la creación podrá apartarnos del amor que Dios nos ha manifestado en Cristo Jesús nuestro Señor (Romanos 8:37-39).
La bendición de ser escogido	Pero ustedes son linaje escogido, real sacerdocio, nación santa, pueblo que pertenece a Dios, para que proclamen las obras maravillosas de aquel que los llamó de las tinieblas a su luz admirable (1 Pedro 2:9).
La bendición de ser nueva creación cuando aceptas a Jesús en tu corazón	Por lo tanto, si alguno está en Cristo, es una nueva creación. ¡Lo viejo ha pasado, ha llegado ya lo nuevo! (2 Corintios 5:17).
La bendición de ser hijo de Dios	Mas a cuantos lo recibieron, a los que creen en su nombre, les dio el derecho de ser hijos de Dios (Juan 1:12).
La bendición de ser libre del temor y tener la compañía de Dios por siempre	Así que no temas, porque yo estoy contigo; no te angusties, porque yo soy tu Dios. Te fortaleceré y te ayudaré; te sostendré con mi diestra victoriosa (Isaías 41:10, CST).
La bendición de ser cuidado	Depositen en él toda ansiedad, porque él cuida de ustedes (1 Pedro 5:7).
La bendición de paz	La paz les dejo; mi paz les doy. Yo no se la doy a ustedes como la da el mundo. No se angustien ni se acobarden (Juan 14:27).

Estas son solo algunas promesas de bendición de las muchas que encontrarás en la Biblia. Cada una de ellas son para ti. Te animo para que puedas creerlas y empezar a vivirlas. Una a una son un regalo que Dios nos da por amor y gracia.

Otro punto valioso es que también en la Biblia encontramos principios, valores y requerimientos. La obediencia trae bendición; es ahí donde esas promesas se activan a favor de los hijos de Dios. Esto va más allá de una religión, es una relación personal con su Espíritu Santo, la cual está disponible y accesible para todo aquel que la quiera tener.

¿QUÉ NOS PODRÍA IMPEDIR DISFRUTAR DE SUS BENDICIONES?

El deseo del corazón de Dios al darnos bendiciones espirituales, materiales y emocionales es que seamos felices, tengamos paz, gozo, esperanza, salud integral y que disfrutemos un día a la vez confiando en que todo estará bien.

Aunque este es el plan perfecto, la pregunta sería: «¿Disfruto en realidad de esas bendiciones?». Es bueno que comprendamos que puede haber actitudes o situaciones no resueltas en nuestro corazón que pueden impedir que disfrutemos de los regalos de Dios. Algunas podrían ser:

1. **La falta de conocimiento:** *Pues por falta de conocimiento mi pueblo ha sido destruido* (Oseas 4:6).
2. **La queja:** *Para el afligido todos los días son malos; para el que es feliz todos son de fiesta* (Proverbios 19:3, CST).

3. **Resentimiento o falta de perdón:** *Asegúrense de que nadie quede fuera de la gracia de Dios, de que ninguna raíz amarga brote y cause dificultades y corrompa a muchos* (Hebreos 12:15).
4. **Las decisiones indebidas e impulsivas:** *La necedad del hombre le hace perder el rumbo, y para colmo su corazón se irrita contra el Señor* (Proverbios 19:3, CST).
5. **El orgullo y la arrogancia:** *Al fracaso lo precede la soberbia humana; a los honores los precede la humildad* (Proverbios 18:12, CST).
6. **La falta de fe:** *En realidad, sin fe es imposible agradar a Dios, ya que cualquiera que se acerca a Dios tiene que creer que él existe y que recompensa a quienes lo buscan* (Hebreos 11:6).
7. **El pecado (tener doble moral o doble vida):** *Porque la paga del pecado es muerte, mientras que el regalo de Dios es vida eterna en Cristo Jesús, nuestro Señor* (Romanos 6:23).

«La obediencia trae bendición».

Estas podrían ser algunas causas que nos dejan rezagados y limitados a la hora de acceder a las bendiciones y regalos de Dios para nuestras vidas.

Esas causas son las consecuencias o resultados por las decisiones personales o por el estado del corazón. Somos lo que decidimos; si es así, debemos tomar acción, buscar la sanidad, el perdón y la libertad, para vivir en el estado que Dios ha diseñado para nosotros.

> *El que es bueno, de la bondad que atesora en el corazón produce el bien; pero el que es malo, de su maldad produce el mal, porque de lo que abunda en el corazón habla la boca* (Lucas 6:45).

Como vemos en este versículo, todo lo que abunda en nuestro corazón, incluso pensamientos y emociones, son lo que se mostrará en nuestro estilo de vida. Si queremos algo diferente, necesitamos buscar libertad y paz interna.

ERES BENDECIDO PARA BENDECIR A LOS DEMÁS

Estamos en una sociedad tan llena de prisa, que a la vez se nos conduce a vivir de manera individual sin pensar en los demás. También podemos llegar a encerrarnos solo en nuestros problemas, lo cual nos aísla y nos lleva a ser insensibles ante el dolor de otros. El individualismo y la autosatisfacción nos están desenfocando y obstaculizando la construcción de relaciones significativas, dejando un gran vacío emocional. Hoy es más fácil y cómodo estar pegado al celular viendo vídeos, lo cual genera adicción y pérdida de tiempo, que sentarse a tener una comunicación con otra persona.

Un día comprendí que estaba en este mundo para algo más que alcanzar mis metas, hacer dinero o sentirme realizada. Decidí creer que estaba en este mundo para amar a Dios, a los demás y servir. Desde ese momento mi vida cambió y empecé a vivir con sentido de propósito, lo cual cambia completamente todo el panorama del día a día. Me encantaría que tú también puedas experimentarlo.

Por supuesto que es válido tener metas, sueños y crecer, pero al final del camino debemos preguntarnos: «¿Cuál es el legado que dejo? Con lo que tengo hoy, ¿cómo puedo ayudar a otra persona?».

Cuando elegimos crecer y compartir los frutos con los demás, todo cobra sentido y hasta se multiplica. Nada que nosotros hagamos por los demás, con amor y con la intención adecuada en el corazón, quedará sin recompensa. Creer que somos bendecidos para bendecir a otros nos permite vivir en amor y nos llevará a servir a los demás con acciones concretas y sin interés de reconocimiento público. Cuando bendecimos y apoyamos en lo secreto, hay gran recompensa.

> *El que es generoso prospera; el que reanima será reanimado* (Proverbios 11:25, CST).

DISFRUTA DÍA A DÍA

La vida es hermosa y está llena de matices de colores. Hay días más desafiantes que otros, hay momentos donde el calor de la prueba es intenso y creemos que todo lo malo nos ocurre solo a nosotros, o hasta que Dios se olvidó de las peticiones que le hemos hecho.

Sí, al igual que tú, he tenido muchos días malos en los que me he sentido triste, sola, sin propósito o hasta con ganas de que todo termine ya. Sin embargo, hoy miro atrás y puedo comprender que un día malo no precisamente hace una vida fea, triste o insana, siempre y cuando no lo permita. Al final del camino todo pasa, se acomoda, fluye, se sana y se supera; solo Dios permanece para siempre.

Elegir disfrutar la vida y encontrar el sentido a todo es la gasolina que nos dará el empuje para no pasar por este mundo como si fuéramos un ser inerte, sino que al final de nuestros días podamos levantar nuestra mirada al cielo, respirar profundo y decir como lo dijo Pablo: «He peleado la buena batalla, he terminado la carrera, me he mantenido en la fe» (2 Timoteo 4:7, CST).

Hace poco escuché a varios amigos que me contaron que tienen familiares con condiciones de salud fuertes, y otros que están luchando con diferentes problemas emocionales, de finanzas o laborales. Todos los días en las sesiones escucho la historia de cada persona que llega a mi oficina, veo lágrimas correr por sus mejillas, corazones destrozados, esperanzas quebradas, sueños rotos, promesas irrespetadas, en fin, la lista es larga. He pasado por momentos de gran dolor emocional, donde lo único que me sostuvo en medio de la crisis fue la fe y creer que Dios es suficiente, no de una forma religiosa, sino como una verdad absoluta.

Sé, porque lo he vivido, que disfrutar de la vida en esos momentos parece irracional. La Biblia nos enseña en Eclesiastés 3 que todo tiene su tiempo, y en el verso 4 nos dice: *«Un tiempo para llorar y un tiempo para reír»*.

«Al final del camino todo pasa, se acomoda, fluye, se sana y se supera: solo Dios permanece para siempre».

Sí, hay un tiempo para llorar, pero también te quiero recordar que mientras haya vida, hay esperanza. Sé que, si hoy estás llorando, vendrá a tu vida el tiempo de reír. Es en medio del desafío que debemos elegir vivir momento a momento, y aunque el futuro nos puede aterrorizar o la incertidumbre nos puede llenar de ansiedad, vivir con sentido del presente es lo que nos permitirá estar enfocados y ver los detalles.

El reloj de Dios es diferente al nuestro. Él vive en un presente continuo y eterno, Él ve el cuadro completo y el final ya resuelto. Por eso vale la pena confiar, soltar, rendir el control y disfrutar de todas esas bendiciones que ya tenemos. Lo que nos falta, que no ha llegado o que necesitamos, podemos tener la certeza que llegará en el momento idóneo.

Muchas veces pasamos la vida esperando que algo pase y así es que se nos pasa la vida. Hoy elijamos vivir al máximo, pasemos la página, perdonemos, dejemos atrás el dolor, la infidelidad, el divorcio, la pérdida de un ser querido, el abandono, la traición, lo que sea que nos impide vivir.

«Muchas veces pasamos la vida esperando que algo pase y así es que se nos pasa la vida».

Sé que es más fácil escribirlo que el desafío de vivirlo. Sin embargo, te lo escribe alguien que en los últimos tiempos ha vivido muchos desafíos. Si yo logré salir, no es porque tenga algo especial en mí, sino porque un día le entregué todo al que sí puede y Él hizo cambiar mi vida, me ha sanado y dado esperanza. Sé que esos procesos dieron a luz este libro, y si eso fue para que tu vida sea bendecida en cada página, puedo decir que todas mis lágrimas valieron la pena.

No se vale quedarse en una silla de víctima, cuando allá afuera nos espera un mundo lleno de color, vida y una esperanza que no defrauda.

APLICACIÓN DE LO APRENDIDO

Y Dios puede hacer que toda gracia abunde para ustedes, de manera que siempre, en toda circunstancia, tengan todo lo necesario y toda buena obra abunde en ustedes (2 Corintios 9:8).

AFIRMACIONES POSITIVAS:

- Soy bendecido.
- Viviré un día a la vez.
- Camino con sentido de propósito.
- Dios está conmigo.
- En Cristo estoy pleno y completo.
- La bendición me rodea.
- El bien y la misericordia me siguen a donde yo vaya.

1. En tus propias palabras, ¿qué es la bendición?
2. ¿Te sientes hoy bendecido?
3. ¿Cuáles bendiciones tienes en tu vida?
4. ¿Estás disfrutando tu vida hoy?
5. ¿Te es fácil vivir en el presente y practicar lo de un día a la vez?
6. Luego de leer este capítulo, ¿a qué te comprometes? ¿Qué harás de forma consciente para disfrutar tus bendiciones y vivir un día a la vez?
7. Haz una lista de las bendiciones que hoy reconoces que tienes y que son un regalo para tu vida. Coloca

esa lista en un lugar visible y agradece por lo que Dios te da día a día.

ORACIÓN

Dios, hoy vengo delante de ti y solo te quiero agradecer por todas las bendiciones que has puesto y sigues dándome cada día en mi vida. Gracias por el regalo de la salvación y de la fe, gracias porque has abierto el camino a través de Jesús para que me pueda acercar a ti. Hoy te pido que me ayudes a confiar, a soltar, a perdonar y a disfrutar de todo lo que sí tengo. Hoy reconozco que soy una persona bendecida por la gracia del Padre. Permíteme ser consciente cada día de los detalles de amor que tienes para mí y enséñame a disfrutar la vida. Te doy gracias por todo y te pido que la vida de Dios esté sobre mí y mi familia. En el nombre de Jesús, amén.

CAPÍTULO 9

TU MEJOR REGALO: EL PRESENTE

¿De qué le sirve a uno ganar el mundo entero si se pierde la vida?

MARCOS 8:36

FRASE DE INSPIRACIÓN

¡SOLO UN DÍA A LA VEZ, SIN AYERES O MAÑANAS, UN DÍA A LA VEZ!

¿Te ha pasado que te levantas en piloto automático y sobresaltado por todo lo que hay que hacer, corres a alistar a los niños o a bañarte, hacer meriendas y de una vez para el trabajo, vas revisando el reloj en medio del tráfico y deseando que tu auto tenga alas para volar? Llegas a la oficina y empieza la jornada laboral, atendiendo llamadas, correos electrónicos, reuniones, terminas a las cinco de la tarde y de vuelta a casa con el tráfico de nuevo, a fin de acompañar a tus hijos en las tareas, o hacer tus cosas personales y la cena. Ya cuando ves el reloj son las nueve de la noche, sentiste que el tiempo voló y que no lograste hacer todo lo que querías, pero ya tus fuerzas no dan para hacer nada más. A las cinco de la mañana sonará otra vez el despertador para repetir lo que narré antes, y así pasan los días, meses y años.

Esta es la realidad de muchos de nosotros. Quizá puedan cambiar las horas o las tareas, pero cada día debemos enfrentar diferentes labores. En realidad, la familia, el estudio, el trabajo y todo lo que tenemos son una bendición, pero no podemos dejar de lado que muchas veces es agotador llevar todo a la misma vez.

La rutina en cierta medida es necesaria, pues nos da constancia, disciplina y nos permite alcanzar las metas. Sin embargo, debemos valorar si esa rutina está afectando nuestra salud física, mental, emocional y, sobre todo, si hemos dejado de vivir con pasión, y por el contrario andamos por la vida sin sentido y de manera reactiva.

LA VIDA PASA, LA VIVAS O NO

Disfruta de la prosperidad mientras puedas, pero cuando lleguen los tiempos difíciles, reconoce que ambas cosas provienen de Dios. Recuerda que nada es seguro en esta vida (Eclesiastés 7:14, NTV).

La vida es hermosa, pero a la vez sensible. El tiempo pasa rápido y es el activo más valioso que tenemos, y que no vuelve. Piensa por un momento, ¿cuánto tiempo has desperdiciado por estar enfocado en el pasado o en el futuro? ¿De cuántos detalles te has perdido por estar afanado, desenfocado o distraído?

Ni el tiempo ni el presente nos esperan, siguen avanzando. Por eso no nos podemos quedar estancados o irnos a un momento que no existe aún o que ya pasó. La vida, el tiempo y los años siguen pasando; no siempre tendremos la fuerza que tenemos hoy. Con esto no estoy siendo negativa, es parte del inevitable desgaste natural que tiene nuestro cuerpo.. Dejar todo para «mañana» o para luego, podría ser una decisión poco asertiva.

«El tiempo pasa rápido y es el activo más valioso que tenemos, y que no vuelve».

Muchas son las veces que escucho en mi oficina los famosos «hubiera», los cuales nos dejan estancados en un pasado que ya no existe y que en este momento no podemos devolver para cambiar lo que hicimos o lo que dejamos de hacer. Sin embargo, podemos trabajar en el presente, en lo que decidamos y hagamos hoy.

No dejemos que la vida nos pase como lo hace la neblina. Seamos protagonistas activos, sintonicemos nuestro corazón con el corazón de Dios, despertemos y, más allá de todos los afanes de este mundo, recordemos que Dios ve el mapa completo y quiere darnos vida, para que vivamos realmente.

El que tiene al Hijo, tiene la vida; el que no tiene al Hijo de Dios, no tiene la vida (1 Juan 5:12).

Yo he venido para que tengan vida, y la tengan en abundancia (Juan 10:10).

En ocasiones estamos tan preocupados recordando el pasado o muy preocupados por el futuro, sin darnos cuenta de que el presente se nos escapa. ¡No lo permitamos más!

PASADO Y FUTURO: TIEMPOS INEXISTENTES

Ambos son tiempos de los cuales no tenemos el control y nos generan gran carga si nos hemos quedado atrapados en recuerdos dolorosos o traumáticos, o si por el contrario vemos con temor lo que pueda venir

El exceso de pasado ocasiona depresión.
El exceso de futuro ocasiona ansiedad.
Vivir en el presente es estar en paz.

> *Así que no se preocupen por el mañana, porque el día de mañana traerá sus propias preocupaciones. Los problemas del día de hoy son suficientes por hoy* (Mateo 6:34, NTV).

Como vemos en este versículo, cada día no solo trae sus propios desafíos, sino sus propias alegrías que deben ser suficientes para el momento. Con esto, no quiero decir que vivamos sin planificación, metas, visión o estrategia. Todo lo contrario; si queremos avanzar, tenemos que trabajar cada día para lograrlo. No obstante, por cada historia que escucho, sé que tantas preocupaciones (pre-ocuparse) nos roban la alegría, la paz y el disfrute diario. Debemos analizar si queremos vivir así por el resto de nuestra vida, sin propósito o sentido, sumergidos en la ansiedad o depresión, anclados en un tiempo inexistente aún.

Vivir anclado en el pasado o pendiente de qué pasará en el futuro son maneras de perderse el presente.

«El exceso de pasado ocasiona depresión.
El exceso de futuro ocasiona ansiedad.
Vivir en el presente es estar en paz».

¿QUÉ DICE LA BIBLIA SOBRE EL PASADO?

Por lo tanto, si alguno está en Cristo, es una nueva creación. ¡Lo viejo ha pasado, ha llegado ya lo nuevo! (2 Corintios 5:17).

Olviden las cosas de antaño; ya no vivan en el pasado (Isaías 43:18).

Hermanos, no pienso que yo mismo lo haya logrado ya. Más bien, una cosa hago: olvidando lo que queda atrás y esforzándome por alcanzar lo que está delante (Filipenses 3:13).

Como vemos en estos tres versículos, se nos habla de que el pasado ya pasó y debemos dejarlo atrás, olvidando lo que vivimos, soltando todos los recuerdos o experiencias que nos dañaron, buscando la sanidad y la libertad. Si no nos esforzamos por dejar todo lo que nos ata, no podremos alcanzar lo que está por delante. Por mirar hacia atrás, a un pasado que no volverá, nos podemos perder nuevas experiencias, relaciones y caminos nuevos por conocer, que a la larga pueden ser mejores que los que pasamos.

Tengamos claro que no se trata de borrar la mente, porque sé que también tenemos recuerdos hermosos que, al traerlos a nuestra memoria, nos generan alegría y felicidad, y vale la pena atesorarlos. Me refiero a todo aquello que nos deja estancados y genera en nosotros improductividad.

El presente es un regalo que Dios te ha dado y que vale la pena vivirlo libre de culpas, traumas, resentimientos, frustraciones y dolor.

> «Si no nos esforzamos por dejar todo lo que nos ata, no podremos alcanzar lo que está por delante».

SOLTAR PARA CRECER

Este es el secreto más importante para vivir libre de aquello que nos ha afectado desde hace años, y me quiero asegurar de que entiendas su importancia. Soltar es dar libertad y perdonar a quien nos dañó; es decirle al recuerdo o a la persona: «Ya no me debes nada». Soltar es un acto de amor a nosotros mismos. En algunos casos lo podremos hacer solos, en otros necesitaremos apoyo espiritual o emocional por parte de algún profesional. Practicar el soltar cuantas veces sea necesario nos dará paz interior.

Muchas veces nos enfermamos de manera mental, emocional y física por no soltar, no perdonar, por adoptar problemas ajenos, por renunciar a nuestros sueños, por reprimir emociones, por no soltar lo que ya no existe o por aceptar en nuestra vida a las personas indebidas.

Asegúrense de que nadie quede fuera de la gracia de Dios, de que ninguna raíz amarga brote y cause dificultades y corrompa a muchos (Hebreos 12:15).

«Soltar es dar libertad y perdonar a quien nos dañó: es decirle al recuerdo o a la persona: "Ya no me debes nada"».

Si no soltamos, muchas raíces amargas van a brotar en nuestro interior causando enfermedades, dificultades, y nos impedirán construir relaciones significativas. Lo viejo le quita espacio a lo nuevo, por eso debemos soltar y dejar atrás el pasado doloroso. Es aquí donde el gran amor de Dios es capaz de sanar todo recuerdo, incluso guardado en el inconsciente.

En mis sesiones, con el visto bueno de mis pacientes, siempre me gusta iniciar el proceso con una oración. He aprendido a pedirle a Dios sabiduría y que nos muestre lo que está más guardado en el interior y en el inconsciente, aquello que muchas veces no proyectamos tan fácil, pero que influye en nuestro día a día. Creo que el Espíritu Santo puede llegar hasta lo más profundo para sanar, restaurar y libertar.

Soltar aquello que quisimos que fuera y que no fue, o que no salió como queríamos que fuera, es iniciar un nuevo proceso de restauración. Sé que soltar duele, pero sostener lo que ya no vale la pena, duele más. Por eso soltar te dará la plenitud que necesitas como parte de tu proceso.

Parte de soltar también tiene que ver con dejar de vivir de glorias pasadas. Quizá en el pasado tuviste muchos logros y éxito en diferentes esferas. Puedes volver ahí para agradecer y felicitarte, pero no es válido quedarte estancando en ese momento y añorar que vuelva a pasar exactamente igual. Vivir de glorias pasadas lo único que generará en nuestra vida es que nos quedemos estancados y que la vida se nos pase.

Es tiempo de soltar y dejar el pasado atrás. Tienes más futuro que pasado; al presente también debemos darle la interpretación y vivencia adecuada.

¿QUÉ DICE LA BIBLIA SOBRE EL FUTURO?

No presumas del día de mañana, pues no sabes lo que el mañana traerá (Proverbios 27:1, DHH).

¡Y eso que ni siquiera saben qué sucederá mañana! ¿Qué es su vida? Ustedes son como la niebla que aparece por un momento y luego se desvanece (Santiago 4:14).

Cuentas con una esperanza futura, la cual no será destruida (Proverbios 23:18).

Porque yo conozco los planes que tengo para ustedes —afirma el Señor—, planes de bienestar y no de calamidad, a fin de darles un futuro y una esperanza (Jeremías 29:11).

«Es tiempo de soltar y dejar el pasado atrás. Tienes más futuro que pasado».

Estos son solo algunos de los muchos versículos que la Biblia nos da sobre el futuro y lo que Dios nos dice. Me llamaron la atención dos puntos en estos cuatro versículos.

Por un lado, se nos habla de que el futuro es incierto, pero a la vez hay una promesa de una esperanza, la cual nos hace ver hacia delante con la completa convicción de que Dios tiene planes para nuestro bien, todo lo tiene bajo control y, que lo que es incierto para nosotros, ya Él lo vio diseñado, planificado y concluido para nuestro bien. Es por eso que no se afana y nos invita a vivir con plenitud en el hoy.

Tengo que reconocer que muchas son las veces cuando la ansiedad ha venido a mí, empiezo a rumiar los pensamientos negativos, hago suposiciones o imagino cómo será mi futuro en muchos aspectos. La conexión que hay entre mente y cuerpo es automática y directa. Vale con pensar por unos momentos en aquello que nos genera temor hacia el futuro y ver cómo reaccionan nuestro cuerpo y nuestras emociones.

Luego de pasar por los procesos de salud de mis padres, pensaba con regularidad: *¿Qué haré el día que se mueran? ¿Cómo enfrentaré el duelo? ¿Me quedaré muy sola? ¿Quién cuidará de mí en mi vejez?* Entre muchas otras ideas, lo único que me generaban todas y cada una de ellas era una ansiedad terrible y un temor espantoso.

Hasta que un día Dios me recordó que Él tenía el control, que cuidaba de cada detalle y que todo el tiempo, atención y amor que yo por muchos años había sembrado en ellos, tendrían recompensas para mi vida. Me recordó que todo sería bien simple y sencillo porque Él estaba ya en mi futuro. Otra estrategia que aprendí es a frenar el pensamiento y a decirme: «¡En su momento lo resolveré!».

¡Cuánta verdad hay en esa frase! Muchas veces nos afanamos y nos estresamos por cosas que aún no están pasando, que no tenemos el control y que no sabemos cómo pasarán, pero darle rienda suelta a lo negativo e incierto lo único que traerá a nuestra vida es dolor. Esto es un ladrón de nuestro presente, de la paz y del gozo de vivir en plenitud y disfrute.

Aprender a resolver en el momento aquello que no podemos controlar, o que no sabemos cuándo ni cómo pasará, es lo que nos dará paz hoy. Podemos planear, pero aun así el futuro sigue siendo incierto. Sobre eso tenemos una promesa de esperanza, la cual genera en nosotros una confianza plena de que Dios nos ama y ordenará todo para el cumplimiento de su propósito. Por eso vale la pena confiar, creer y descansar en el gran amor de Dios.

Ahora bien, sabemos que Dios dispone todas las cosas para el bien de quienes lo aman, los que han sido llamados de acuerdo con su propósito (Romanos 8:28).

¿QUÉ DICE LA BIBLIA SOBRE EL PRESENTE?

Así que no temas, porque yo estoy contigo; no te angusties, porque yo soy tu Dios. Te fortaleceré y te ayudaré; te sostendré con mi diestra victoriosa (Isaías 41:10, CST).

Enseñándoles a obedecer todo lo que les he mandado a ustedes. Y les aseguro que estaré con ustedes siempre, hasta el fin del mundo (Mateo 28:20).

Danos cada día nuestro pan cotidiano (Lucas 11:3).

Pues estoy convencido de que ni la muerte ni la vida, ni los ángeles ni los demonios, ni lo presente ni lo por venir, ni los poderes, ni lo alto ni lo profundo, ni cosa alguna en toda la creación podrá apartarnos del amor que Dios nos ha manifestado en Cristo Jesús nuestro Señor (Romanos 8:38-39).

¿Qué es lo que nos da garantía para vivir en paz hoy, soltar lo que nos dolió y ver el futuro con esperanza? Tener la convicción de que Dios está con nosotros y que todo está bien.

Aprender a vivir en el aquí y ahora, ser conscientes de lo que tenemos, pensamos, hacemos, decimos, el lugar donde estamos, los alimentos que ingerimos, las conversaciones que tenemos, la música que escuchamos, entre muchas cosas más, es lo que permitirá ver detalles y vivir desde la gratitud.

Una de las técnicas que se utilizan cuando una persona está teniendo un ataque de pánico es controlar la respiración. Esto oxigena el cerebro y tendrá un impacto directo en el sistema nervioso, trayendo estabilidad emocional y física.

Sé que todos respiramos. De lo contrario, estaríamos muertos. Sin embargo, ¿qué tan conscientes somos de cómo estamos respirando?

Hoy te invito a que le prestes especial atención a tu respiración. Podría revelarte cómo estás en cuanto a los niveles de estrés y tensión. Cuando nuestra respiración está agitada y es rápida, provoca que nuestra presión sanguínea aumente y esto afecta directamente al corazón.

En cambio, cuando hacemos ejercicios de respiración consciente, nuestra frecuencia cardiaca disminuye y sentimos estabilidad física, mental y emocional. Si tienes un reloj que mida tu frecuencia cardiaca, haz la prueba y verás cómo a través de una respiración controlada y la relajación, los niveles de estrés disminuyen.

No podemos perder de vista que somos seres integrales: espíritu, alma y cuerpo; los tres deben abordarse de manera adecuada para tener salud.

«Sé que todos respiramos. De lo contrario, estaríamos muertos. Sin embargo, ¿qué tan conscientes somos de cómo estamos respirando?».

Estar en el presente, en el aquí y ahora, nos permitirá vivir más relajados, tener menos tensión y estrés, aumentará la confianza y la autorrealización, y nos permitirá disfrutar de las bendiciones que Dios nos da en su promesa de paz y de que estará con nosotros.

Te exhorto a que dejes de esperar que sea viernes, verano, vacaciones, a enamorarte, a perder peso, a que sea feriado, a que todo pase o a pegarte en la lotería. Cuando empezamos a disfrutar la vida, encontramos la plenitud y la felicidad: ¡es hoy, no mañana, porque puede que nunca llegue!

En todo lo que hagas, incluye la gratitud como estandarte valioso de tu vida. En la oración modelo del Padrenuestro, Jesús nos enseñó a pedir por el pan nuestro de cada día. En el desierto, el pueblo de Israel recibió el maná cada día. Dios nos enseña que hoy Él es nuestro proveedor, así como lo fue ayer y lo será mañana.

APLICACIÓN DE LO APRENDIDO

El Señor es mi pastor; tengo lo que necesito
(Salmo 23:1, NTV).

AFIRMACIONES POSITIVAS:

- Suelto el pasado y avanzo hacia lo que está por delante.
- Perdono y bendigo a quien me dañó.
- En mi futuro solo me esperan las bendiciones de Dios.
- Tengo un futuro y una esperanza.
- Solo por hoy disfruto lo que tengo.
- Agradezco cada detalle que Dios me da.
- Dios es suficiente y confío en sus planes.

1. Reflexiona. ¿Te es fácil vivir en el presente? ¿Por qué?
2. ¿Qué necesitas soltar del pasado que no te deja avanzar?
3. Cuando piensas en lo que vendrá, ¿qué genera el futuro en tus emociones?
4. ¿En cuál momento estás viviendo más hoy: pasado, presente o futuro?
5. ¿Qué agradeces en este momento de tu presente?
6. Luego de leer este capítulo, ¿a qué te comprometes? ¿Qué harás de forma consciente para disfrutar más tu presente, soltar el pasado y confiar el futuro en manos de Dios?
7. A partir de hoy, detalla cada regalo que Dios te da momento a momento. Haz una lista de aquellas

pequeñas o grandes cosas que te sorprenden y que ves como muestras de amor.

ORACIÓN

Amado Dios, hoy te quiero agradecer por todo lo que me das y porque puedo tener la convicción de que día a día me provees en todo lo que necesito y más. Ayúdame a soltar el pasado, a quien ya no está, se fue, y a quien me dañó. Hoy tomo la decisión de perdonar a (di el nombre de la persona que te lastimó), lo suelto de mi vida y lo dejo libre en el nombre de Jesús. Hoy quiero dejar el pasado atrás y dispongo mi corazón para ver mi futuro con esperanza. Entrego toda ansiedad que me genera el no tener el control o no saber lo que vendrá. Elijo confiar en ti, Señor, en tu gran amor y misericordia. Ayúdame a vivir en el presente, a disfrutar la vida y a vivir un día a la vez. Te doy gracias, Padre, en el nombre de Jesús, amén.

CAPÍTULO 10

EL SENTIDO DE LA VIDA

Porque yo conozco los planes que tengo para ustedes —afirma el Señor—, planes de bienestar y no de calamidad, a fin de darles un futuro y una esperanza.

JEREMÍAS 29:11

FRASE DE INSPIRACIÓN

¡VIVO CON SENTIDO CADA DÍA!

Si algo es vital para disfrutar la vida, es ser agradecido, vivir un día a la vez, estar en paz con nosotros mismos, y confiar en el potencial que tenemos y en el propósito por el cual Dios nos formó.

El sentido de vida es encontrar día a día una razón por la cual nos levantamos y hacemos lo que hacemos. Quien carece de esto no solo será más vulnerable a la depresión y la ansiedad, sino que cuando vengan los momentos desafiantes, carecerá de esa fuerza interna para enfrentar la adversidad, confiar en Dios y creer que la vida sigue siendo hermosa, aun cuando se esté en el desierto.

En las sesiones he visto a muchas personas desconocer o no tener claro para sus vidas todo lo referente al propósito y cómo vivir con sentido cada momento. Esto provoca desmotivación, falta de interés por vivir, nada tiene sentido y la adversidad golpea mucho más directo. Por otro lado, creer que hay un propósito hace nuestra vida mucho más emocionante y nos recuerda una gran verdad: en este mundo estamos de pasada, nuestra eternidad está en el lugar que Jesús nos ha preparado. Él nos da acceso por gracia cuando le aceptamos en nuestro corazón, y es ahí donde podemos decir que todos los momentos dolorosos que tengamos en este mundo serán pasajeros ante lo eterno y real.

Tú creaste mis entrañas; me formaste en el vientre de mi madre. ¡Te alabo porque soy una creación admirable! ¡Tus obras son maravillosas y esto lo sé muy *bien! Mis huesos no te fueron desconocidos cuando en lo más recóndito era yo formado, cuando en lo más profundo de la tierra era yo entretejido. Tus ojos vieron mi cuerpo en gestación: todo estaba ya escrito en tu libro; todos mis días se estaban diseñando, aunque no existía uno solo de ellos (*Salmo 139:13-16).

¡Estos versículos son realmente maravillosos! Medita por un momento sobre lo asombroso que es que el Creador del cielo y de la tierra y de todo cuanto en ella habita, que se tomó el tiempo para crear cada parte de nuestro cuerpo y entretejernos con amor.

Quizá muchas veces te has hecho la pregunta sobre qué sentido o propósito tienes si todos tus días son iguales y hasta podrías pensar que nada tiene razón. Creer esto te impedirá disfrutar de la vida y te irás apagando por dentro.

Desde muy joven creí que Dios tenía un propósito para mí. Con el paso de los años eso fue madurando y Él me fue guiando en el camino para el cumplimiento de ese propósito. Conocerme a mí misma, aceptarme (fue todo un desafío en ocasiones), descubrir las habilidades y dones que se me habían regalado para desarrollar mi misión, alimentar mi vida emocional, tener sueños y metas, y sobre todo una relación personal con Jesús, es lo que ha permitido que por muchos años pueda caminar con la convicción en mi corazón de que hay planes de bendición como lo dice Jeremías 29:11. Creo que tener esto claro por completo nos da sentido de vida; confiar en que somos parte de un propósito ilumina nuestra vida de esperanza.

Es por eso que deseo que tú también puedas creer y que paso a paso, con la guía del Espíritu Santo, conozcas y vivas tu propósito.

DILE SÍ A LA VIDA

Siempre he creído que, si queremos disfrutar de la vida, es muy valioso que tengamos sentido de utilidad. Cuando como personas salimos de nuestra zona de comodidad y dejamos el individualismo a un lado, comprendemos que estamos en este mundo para algo más profundo y transcendental, que es poder amar a Dios y a los demás a través del servicio y de las buenas obras.

Para hacerlo de una forma sana y equilibrada, es vital amarnos a nosotros mismos y establecer relaciones significativas y con propósito. Hacer las cosas con pasión, entrega y compromiso, hace de nuestra vida algo más emocionante, y nos ayuda a ver cada día como una aventura y una oportunidad para hacer algo nuevo y diferente.

«Deseo que tú también puedas creer y que paso a paso, con la guía del Espíritu Santo, conozcas y vivas tu propósito».

La madre Teresa de Calcuta dijo algo que se convirtió en un dicho popular: «Quien no nace para servir, no sirve para vivir». Es maravilloso cuando nos reproducimos en otra persona y le apoyamos de diferentes maneras. La pandemia del COVID-19 nos aisló físicamente y eso ha traído muchas consecuencias negativas. El ser humano necesita socializar y estar rodeado de personas. Cuando esto sucede, experimentamos emociones muy positivas e incluso se aumenta la producción de diferentes hormonas. Una de estas hormonas, y muy valiosa por cierto, es la oxitocina, la cual además de nivelar el ritmo cardiaco, disminuye el estrés y la tensión.

¡Quién no ha disfrutado de una buena tertulia con amistades o familia, acompañada de muchas sonrisas y buenos momentos! Esto, sin duda, es una recarga de energía positiva.

¡Cuán bueno y cuán agradable es que los hermanos convivan en armonía! (Salmo 133:1).

En lo personal, disfruto mucho mis tiempos con mi familia y mis amigos. Precisamente hace un tiempo atrás me di cuenta de que me había involucrado mucho en el trabajo y en el estudio, y había dejado de lado mi parte social, lo cual no es saludable. Por eso me puse como meta ser más intencional en entablar relaciones significativas.

También empecé a orar a Dios para que pusiera en mi camino personas que fueran de bendición y de apoyo, y así ha sido. En sesiones escucho a muchos decir que no tienen amistades con quienes confraternizar, y esto provoca que se sientan solos. Así que creo que hay que dar un paso e ir más allá. Siempre recomiendo buscar lugares seguros para darse la oportunidad y conectar con los demás; es vital conocer y que nos conozcan.

Además de la parte social, es vital que toda persona, sin importar su edad o grado de escolaridad, tenga metas que le inspiren y le hagan soñar más allá de lo que hace hoy. Esto nos llena de ilusión por la vida.

RECURSOS PARA LOS MOMENTOS DESAFIANTES

Parte de lo que vamos a tener que enfrentar en nuestro día a día son situaciones que podrían desestabilizarnos. Pensar que, debido a que amamos a Dios vamos a estar sumergidos en una burbuja lejos del dolor, no es real. Sin embargo, hay una promesa de que seremos fortalecidos, acompañados, consolados y guiados; eso es lo que marca la diferencia y lo que nos permite tener esperanza en medio del dolor.

Invócame en el día de la angustia; yo te libraré y tú me honrarás (Salmo 50:15).

Él me invocará, y yo le responderé; estaré con él en momentos de angustia; lo libraré y lo llenaré de honores. (Salmo 91:15, CST).

¡Qué maravillosa promesa tenemos que, aun en la angustia, Él estará con nosotros!

La vida es un hermoso viaje. Al igual que cuando tenemos un paseo alistamos una mochila con lo que consideramos necesario, debemos hacerlo con nuestra vida. Para el día a día necesitamos algunos recursos que nos permitan sobrellevar lo adverso y, a pesar del dolor, seguir viviendo con sentido de vida. Algunos podrían ser:

1. Seamos flexibles: aprendamos a adaptarnos a las circunstancias, no seamos rígidos. Eso aumenta en exceso la ansiedad y la tensión.
2. Gestionemos las emociones: no está mal, no estar bien siempre. Recuerda que eres un ser humano que tiene emociones y que es vital que aprendas sobre inteligencia emocional para sobrellevar las cargas.
3. Adaptémonos al cambio: ser resilientes y reinventarnos en medio de la adversidad nos permite enfrentar todo con fuerza.
4. Elijamos una nueva mirada: cuando estamos en la adversidad, llegamos a tener la visión de túnel, todo está limitado. Decidir tener una nueva mirada nos ampliará el panorama y nos permitirá ver más allá.
5. Cultivemos la capacidad para resolver: hagámonos la pregunta: «Con lo que tengo hoy, ¿qué puedo hacer?». Como dice otro refrán popular: «Si la vida te da limones, haz limonada».

6. La fe: esta es la base que nos mantiene firmes en medio del dolor. Tener una promesa de parte de Dios nos da la convicción de que nuestro futuro está asegurado.
7. Busquemos apoyo: es vital rodearnos de personas que nos sumen y nos hagan crecer. Si necesitamos ayuda profesional, busquémosla de inmediato.

EL SENTIDO EN MEDIO DEL DOLOR

Parece ilógico y, en ocasiones hasta puede llegar a ser molesto, creer que en medio del dolor podemos encontrar sentido, propósito y tener esperanza. Como seres humanos, es obvio que no nos gusta pasar por pruebas.

Se dice que el dolor es inevitable, pero el sufrimiento es opcional. Cuando lo analicé, concordé con esto. Sé que hay ciertas cosas que nos van a dañar, pero cómo permitimos que nos afecten está en nuestras manos.

Por esa razón es que hoy te quiero invitar a que recuperes la esperanza, el ánimo, la fe y sobre aquello que hoy vives, lo entiendas o no, puedas permitir que Dios se glorifique y te sorprenda. Cuando queremos tener el control de todas las cosas, estamos limitando a Dios para que haga más de lo que podemos pedir, pensar o hacer. Lo que Él hace siempre sorprende.

El Señor mismo marchará al frente de ti y estará contigo; nunca te dejará ni te abandonará. No temas ni te desanimes (Deuteronomio 31:8).

Recordar que la vida tiene sentido en cualquier condición que estemos o tengamos nos dará mayor fuerza, además de tener la convicción de que Dios irá delante de nosotros si le permitimos que tome el control.

¿Te has sentido sin esperanza y sin fuerzas? Yo sí, muchas veces me he sentido tan agotada de manera emocional y física que hasta he pensado en rendirme. Muchas veces la desesperanza ha llegado a mi corazón. Cuando estamos en desesperanza, que definimos como un sufrimiento sin propósito que penetra en nuestro ser, podemos tomar decisiones fatales para la vida.

Por otro lado, cuando logramos creer que hay propósito en todo y tenemos un porqué para vivir, empezamos a desarrollar una fuerza interna y le damos espacio a la fe y a la confianza de creer que somos parte de un plan.

Ahora bien, sabemos que Dios dispone todas las cosas para el bien de quienes lo aman, los que han sido llamados de acuerdo con su propósito (Romanos 8:28).

APLICACIÓN DE LO APRENDIDO

Yo sé bien que tú lo puedes todo, que no es posible frustrar ninguno de tus planes (Job 42:2).

AFIRMACIONES POSITIVAS:

- Soy una persona creada con gran propósito.
- Cada uno de mis días tienen sentido y razón de ser.
- Dios usa todo para mi bien y tiene el control.
- Dios tiene planes de bendición para mí.
- La adversidad será superada con fe.
- Dentro de mí tengo la fuerza que viene de Dios.
- Vivo con esperanza cada día.

1. ¿Te es fácil encontrarle sentido a la vida? ¿Por qué?
2. ¿Cuáles razones le dan sentido a tu vida?
3. ¿Qué momentos desafiantes estás viviendo hoy y cómo te sientes?
4. En medio de lo que vives hoy, ¿puedes encontrarle propósito a eso?
5. ¿Cuáles de los siete recursos presentados antes necesitas reforzar en tu vida?
6. Luego de leer este capítulo, ¿a qué te comprometes? ¿Qué harás de forma consciente para vivir con sentido de vida cada día, incluyendo aquellos momentos desafiantes?

7. Elige un versículo bíblico de los que leíste en este capítulo, que te llamó la atención, escríbelo aquí, trata de memorizarlo y escribe por qué lo elegiste.

ORACIÓN

Padre, hoy vengo delante de tu presencia para darte gracias por todo lo que me das. Gracias por tu amor incondicional y porque hoy me recordaste que tienes planes de bendición para mi vida. Hoy te pido que cada uno de esos planes se cumplan en mí y que tu voluntad camine delante de todo lo que haga día a día. Coloca en mi corazón un profundo deseo por vivir, quita de mí toda tristeza o desesperanza, y haz que cada día lo disfrute al máximo de tu mano.

Una vez más te entrego todo lo que soy y lo que hago. Guía mi vida, Espíritu Santo. En el nombre de Jesús, amén.

CAPÍTULO 11

EL PODER DEL DESCANSO

— Yo mismo iré contigo y te daré descanso
— respondió el SEÑOR.

ÉXODO 33:14

FRASE DE INSPIRACIÓN

¡EL CUERPO NECESITA DESCANSO, LA MENTE NECESITA PAZ, EL CORAZÓN NECESITA ALEGRÍAS Y EL ESPÍRITU NECESITA FUERZAS NUEVAS EN DIOS!

Aprender a descansar es algo valioso que muchas veces obviamos. No lo consideramos importante y, en las carreras del día lo dejamos para después, sin darnos cuenta si realmente llegará ese tiempo.

Es necesario que, en un mundo de tanta demanda, contemplemos el descanso como un elemento urgente para nuestra salud integral. No solo me refiero al tiempo en horas que dormimos cada día que, por supuesto, es muy importante para una adecuada recuperación, sino al descanso que le damos a la mente, al alma y al espíritu cada día. Si no nos detenemos de forma intencional, podríamos llegar a colapsar como se ve ya en la actualidad, donde los números de infartos en personas jóvenes han aumentado. La ansiedad, el estrés y la depresión van en aumento, a la vez que muchas enfermedades físicas y mentales se incrementan por estilos de vida poco saludables. Es vital detenernos ya, buscar el equilibrio y no dejar que la vida se nos escape de las manos sin vivir realmente.

«Es necesario que, en un mundo de tanta demanda, contemplemos el descanso como un elemento urgente para nuestra salud integral».

Sé, porque me ha pasado, que es fácil enfocarse en las demandas del día a día, en resolver lo urgente, atender las llamadas, los correos, las cotizaciones, atender la familia y todo aquello que a la vez nos solicitan y que se necesita para ya. Esto nos satura y así se nos va la vida.

El tiempo de urgencias continuas de mis padres culminó en un proceso que vivo aún hoy. Sin embargo, ahí aprendí que Dios es suficiente, que solo Él tiene la última palabra y que eso formó en mí una gran fuerza interna. Hoy puedo ver atrás como algo que pasó y donde Dios se glorificó. El desafío aún sigue, pero respiro profundo y me repito: «¡Dios tiene el control, voy un día a la vez!».

Bienaventurado el hombre que tiene en ti sus fuerzas, en cuyo corazón están tus caminos. Atravesando el valle de lágrimas lo cambian en fuente, cuando la lluvia llena los estanques. Irán de poder en poder; verán a Dios en Sion (Salmo 84:5-7, RVR60).

APRENDE A DESCANSAR

Los procesos de la vida nos recuerdan lo que dice la Biblia: «Todo tiene su tiempo, y todo lo que se quiere debajo del cielo tiene su hora» (Eclesiastés 3:1, RVR60).

Hay momentos para hacer y momentos para bajar el ritmo, pero sea que estemos en uno o en otro, nunca podemos perder la perspectiva de lo valioso que es detenerse y vivir en estado de consciencia, en el aquí y ahora, valorando todo lo que tenemos.

Según el *Diccionario de la lengua española*, la palabra *descansar* significa, entre otras cosas:

1. Cesar en el trabajo, reparar las fuerzas con la quietud.
2. Tener algún alivio en las preocupaciones.
3. Desahogarse, tener alivio o consuelo comunicando a un amigo o a una persona de confianza los males o penalidades.
4. Reposar, dormir.
5. Apoyar una cosa sobre otra.

Algunas palabras claves son: reparar, quietud, alivio, desahogarse, consuelo, reposar y apoyo. Todo eso y más es lo que encontramos cuando decidimos detenernos en la vida y enfocarnos en alimentarnos por dentro, lo cual trae descanso y salud.

Nuestro cerebro sigue siendo estudiado ampliamente por la neurología, que a través de las últimas tecnologías, sigue analizando el pleno funcionamiento de este órgano tan fundamental para la vida humana. A través de diferentes estudios se ha llegado a demostrar que la oración puede modificar la estructura del cerebro, dando evidencia de cómo los estados de este órgano y el sistema nervioso crean relaciones con la experiencia espiritual.

Existen diferentes estructuras neurológicas por la actividad cerebral, entre ellas el lóbulo frontal (nos ayuda a focalizar la mente en la oración), el sistema límbico (nos permite experimentar emociones poderosas) y los lóbulos parietales (nos ubican en nuestro sentido, y en orientación en el espacio y el tiempo).

El origen de la relación entre la neurología y la espiritualidad se encuentra en los trabajos de Harvard Medical School[7], que estudió a fondo el papel que representa el sistema nervioso autónomo en el proceso de la enfermedad humana. En sus conclusiones están: La oración ayuda a relajar el sistema nervioso, a reducir la presión arterial, a mejorar la salud del corazón, a prolongar la vida, además de dar felicidad y de generar el sentimiento de estar más cerca de una entidad trascendente, entre otros beneficios.

Aprender a descansar es tomar tiempos para estar a solas con Dios y con nosotros mismos. Eso nos dará la fuerza para vivir con pasión cada día, y estar libres de ansiedades y temores. Como vimos, diferentes estudios concuerdan que la oración trae grandes beneficios a nuestra vida, por eso el descanso debe ser integral.

¿QUÉ DICE LA BIBLIA SOBRE DESCANSAR?

Vengan a mí todos ustedes que están cansados y agobiados; yo les daré descanso (Mateo 11:28).

---

7 Consultado en linea: https://meditation.mgh.harvard.edu/publication_pdfs/22_Rosmarin_JPR.pdf.

Solo en Dios halla descanso mi alma;
de él viene mi salvación (Salmo 62:1).

En paz me acuesto y me duermo, porque solo
tú, Señor, me haces vivir confiado (Salmo 4:8).

El Señor es mi pastor, nada me falta; en verdes
pastos me hace descansar. Junto a tranquilas aguas me
conduce; me infunde nuevas fuerzas (Salmo 23:1-3).

Por consiguiente, queda todavía un reposo especial
para el pueblo de Dios; porque el que entra en el reposo
de Dios descansa también de sus obras, así como Dios
descansó de las suyas (Hebreos 4:9-10).

Estos son algunos de los versículos que podemos encontrar en la Biblia sobre el descanso, el cual sabemos que es tener una relación personal con Dios, tomar tiempos a solas con Él y confiar en sus promesas.

Dios es nuestro real descanso, porque en Él renovamos fuerzas.

Quiero motivarte para que practiques una desconexión día a día. Todos necesitamos desconectarnos de las preocupaciones de este mundo que nos están agobiando en muchas ocasiones, y conectar nuestro ser con aquello que es esencial y que trasciende lo natural. Sé que quizá no podamos irnos a una montaña todos los días, pero sí podemos buscar un tiempo y espacio para que sea nuestro oasis a través de la oración, el silencio y los tiempos a solas con Dios.

Jesús fue un claro ejemplo sobre cómo en medio de su apretada agenda siempre tomó tiempo para lo más importante: estar a solas con el Padre. Él sabía que solo de esa manera se renovarían sus fuerzas.

«Dios es nuestro real descanso, porque en Él renovamos fuerzas».

Despedida la multitud, subió al monte a orar aparte; y cuando llegó la noche, estaba allí solo (Mateo 14:23, RVR60).

En aquellos días él fue al monte a orar, y pasó la noche orando a Dios (Lucas 6:12, RVR60).

Otra vez fue, y oró por segunda vez, diciendo: Padre mío, si no puede pasar de mí esta copa sin que yo la beba, hágase tu voluntad (Mateo 26:42, RVR60).

Nuestra mente recibe mucha información y estimulación día tras día a través de las redes sociales, los medios de comunicación y la música. Hoy tenemos un bombardeo excesivo de mensajes, y en su gran mayoría son negativos o violentos. Esto nos carga de manera mental y emocional, teniendo una repercusión en la parte física. Por eso si deseas aprender a vivir con propósito, tener paz, ser feliz y vivir en plenitud, toma tiempo cada día para descansar en Dios y en su presencia. Ahí está lo que necesitas y no lo encontrarás en ningún otro lugar.

TIPOS DE DESCANSO

Con los procesos que desarrollo en conjunto con las personas siempre les sugiero que tomen cada día, en medio de las muchas ocupaciones, espacios no negociables para cultivarse integralmente.

Los elementos que siempre sugiero son:

Espiritual: Es vital alimentar la fe todos los días a través de la lectura de la Biblia, la oración y el compañerismo con otras personas. Tomar tiempo a solas con Dios renueva nuestro ser por completo, no solo teniendo un impacto en lo espiritual, sino en lo emocional y en lo físico. Todo está conectado.

Mental: Es vital tomar tiempos para hacer cosas diferentes a las que hacemos en el día a día, y en donde nuestra mente pueda descansar y conectarse con algo diferente, como leer, cultivar las plantas, hacer juegos de mesa, escuchar música, salir a caminar y respirar aire puro. En fin, hacer todo aquello que nos renueve. También es necesario que procuremos tener pensamientos positivos, ya que tienen un impacto directo en nuestro organismo. No hay pensamiento inofensivo; todo pensamiento cuenta y nos afecta en lo emocional y en lo físico. Promueve tu higiene mental y saca de ti aquello que no te suma o no te deja descansar.

Emocional: Es vital aprender a gestionar las emociones. No podemos restringirlas y debemos aprender a hablar de lo que sentimos en un lugar seguro, ya sea con un profesional o con una persona de confianza que nos sume. Siempre sugiero que es vital utilizar la escritura como un recurso terapéutico. Ten un diario y anota cada día lo que agradeces, cómo te sientes y qué emociones estás experimentando. Eso te ayudará a sacar lo que te ha afectado, verlo, tomar control y acción. Las emociones no determinan tu vida.

Físico: Nuestro cuerpo tiene un gran valor. Por eso debemos amarlo, aceptarlo y cuidarlo. Lo hacemos a través de la comida saludable y balanceada, guiada por un experto, también a través del ejercicio diario y el adecuado descanso a través de dormir. Hacer las paces con nuestro cuerpo nos permitirá cuidarlo y así nos sentiremos con más energía para enfrentar los desafíos diarios, y una mente más clara a la hora de elegir.

Recuerda que somos nuestras decisiones.

Elige bien y descansa.

EL ETERNO PRESENTE DE DIOS

Uno de los atributos de Dios es que Él es eterno. Él no tiene tiempo definido y no cambia, es inmutable.

Yo soy el Alfa y la Omega, el principio y el fin, el primero y el último (Apocalipsis 22:13, RVR60).

Jesucristo es el mismo ayer y hoy y por los siglos (Hebrreos 13:8, CST).

—Yo soy el que soy —respondió Dios a Moisés—. Y esto es lo que tienes que decirles a los israelitas: "Yo soy me ha enviado a ustedes".
Además, Dios dijo a Moisés:
—Di esto a los israelitas: "El Señor, el Dios de sus antepasados, el Dios de Abraham, de Isaac y de Jacob, me ha enviado a ustedes.
"Este es mi nombre eterno; este es mi nombre por todas las generaciones" (Éxodo 3:14-15).

Ahora bien, debido a nuestra inteligencia y nuestro lenguaje limitados, tenemos que hablar de pasado, futuro y presente de Dios; decimos, por ejemplo: «Dios siempre fue y siempre será». O bien: «Jesucristo es el mismo ayer, hoy y siempre». Sin embargo, lo cierto es que en Dios no hay ni pasado ni futuro.

Algo vital para aplicar en nuestro hoy y vivir en este presente eterno de Dios es recordar que su nombre es «Yo Soy». Si estamos anclados en el pasado, sentimos gran culpa y nos quejamos de lo que sucedió, lo que dejamos de hacer o lo que hubiera podido ser si hubiéramos hecho tal cosa. Dios no está allí, pues su nombre no es «Yo Fui».

«Uno de los atributos de Dios es que Él es eterno. Él no tiene tiempo definido y no cambia, es inmutable».

Y si vivimos con gran afán y ansiedad, pensando en el futuro, preocupados por lo que nos sucederá o por lo que puede venir, o planificando innecesariamente, Dios tampoco está allí, pues su nombre no es «Yo Seré». Sin embargo, al acostumbrarnos a vivir en el presente, allí encontraremos a Dios, pues su nombre es «Yo Soy».

Vivir en ese eterno presente de Dios nos da la paz, la fuerza y el ánimo para creer que todo está bien y que Él tiene el control.

Dios ya ve el cuadro completo y su obra terminada en nosotros; por eso Él nunca llega tarde, siempre llega a tiempo, no tiene prisa y nunca pierde el control.

Al igual que a ti, a mí me ha dado temor el futuro, y lucho día a día por confiar y soltar mi pasado y mi futuro. Aun así, he aprendido que no importa lo que venga, si Dios está ahí, todo está bien y solo por hoy vale la pena disfrutar de la vida que tenemos momento a momento y creer que el «Yo Soy» está aquí y ahora, a nuestro lado.

Confía, todo está bien. Vivamos un día a la vez, libres de temor, ansiedad o preocupación, y caminemos como lo que ya somos: hijos bendecidos, amados, cuidados y completos en Cristo.

«Vivir en ese eterno presente de Dios nos da la paz, la fuerza y el ánimo para creer que todo está bien y que Él tiene el control».

APLICACIÓN DE LO APRENDIDO

Prueben y vean que el Señor es bueno; dichosos los que se refugian en él (Salmo 34:8).

AFIRMACIONES POSITIVAS:

- Mi mente descansa en la bendición de Dios.
- Mi espíritu es renovado en la presencia de Dios.
- Mi cuerpo recibe salud en la paz de Dios.
- El descanso trae bienestar a mi vida.
- Mis fuerzas son renovadas en Jesús.
- Dios es mi descanso.
- Me amo, me cuido y me respeto.

1. ¿Qué significa el descanso para ti? ¿Lo ves importante?
2. ¿De qué manera tomas tiempos intencionales para descansar?
3. ¿Cuáles son los pensamientos o emociones que hoy te impiden descansar? ¿Puedes hacer algo por tus medios para solucionar eso?
4. ¿Tienes el hábito de alimentar tu fe como parte vital para tu descanso espiritual? ¿Cómo?
5. ¿Qué haces para buscar el descanso mental y emocional?
6. ¿Qué haces para descansar físicamente?
7. ¿De qué manera te comprometes hoy para empezar a vivir en el presente eterno de Dios?

ORACIÓN

Dios, hoy vengo delante de tu maravillosa presencia dándote gracias por todo lo que hablaste a mi corazón a través de cada una de estas páginas. Gracias por amarme y por instruirme. Hoy quiero pedirte una vez más que me ayudes a disfrutar la vida y a aprender a descansar en tus promesas y en tu presencia. Libérame de la ansiedad, el temor, la angustia y todo lo que me carga, me cansa y me roba la paz. Ayúdame a vivir en el eterno presente, y a vivir un día a la vez con gran pasión. Hoy te entrego mi vida para que tu perfecto plan se cumpla siempre. Te doy gracias por todo, Padre. En el nombre de Jesús, amén.

EPÍLOGO

Estamos en una sociedad llena de carreras y urgencias. Las altas demandas y tareas por hacer nos abruman con facilidad robándonos la capacidad de vivir, descansar y contemplar cada detalle de la vida. Aprender a detenerse es vital, no solo para disfrutar más lo que tenemos, sino para ser más eficientes y vivir desde el propósito de vida.

A través de cada página y capítulo he buscado generar la importancia de vivir un día a la vez, aprender a descansar en Dios y lograr así disfrutar de sus grandes bendiciones.

Creo profundamente que, si logramos conectarnos más con lo esencial, no solo seremos más eficientes en los diferentes papeles que desarrollamos en nuestro día a día, sino que disfrutaremos más y dejaremos una huella de amor a donde vayamos.

Conocer de cerca nuestras bendiciones y quiénes somos en Cristo nos permitirá vivir con mayor conciencia de que somos amados, que hay alguien que nos cuida y que siempre está ahí. Eso nos permitirá vivir libres de ansiedad, estrés, temor y frustración.

Además, es vital que nos percatemos de que somos el resultado de nuestras decisiones, y si bien es cierto que Dios tiene planes para nuestro bien, también se nos ha dado libertad para construir el futuro que elegimos. Por eso vale la pena estar conectados y pedir en todo momento la guía de Dios.

Aprender a soltar, confiar y viajar livianos de manera emocional y espiritual, nos ayudará a ser más felices y a recordar que menos es más, y que quizá no necesitamos tanto para ser felices. En la sencillez de la vida y los detalles está el gran secreto. Dios es nuestro Padre y proveedor; todo lo que necesitamos en Él está cubierto.

Elige hoy vivir un día a la vez, libre de afán, preocupaciones y tristezas.

Mientras haya vida, hay esperanza. En Cristo estamos plenos.

ACERCA DE LA AUTORA

STEPHANIE CAMPOS ARRIETA es experta en impulsar y acompañar en el desarrollo personal, espiritual, profesional, empresarial y liderazgo a todos los que quieren diseñar un futuro poderoso.

Desde el año 2000 se ha enfocado en realizar dicha tarea a través de conferencias, medios de comunicación, libros y plataformas digitales. Ha ofrecido conferencias en Puerto Rico, Panamá, Guatemala, Estados Unidos, El Salvador y Colombia, y es autora de los libros: *El valor de la espera, Transformación profunda, No soy perfecta, soy amada,* y el *Journal, Amándome.*

Cuenta con estudios en Psicología, Periodismo, Comunicación, Mercadeo y Gerencia de Proyectos. Es *coach* profesional certificada en Estados Unidos; forma parte de la Federación Internacional de Coaching Ontológico Profesional (FICOP) y de la International Coach Federation (ICF). Es también Programadora Neurolingüística y miembro de The Society of Neuro-Linguistic Programming.

CONTACTO

@stephaniecamposcoach

stephaniecamposcoach@gmail.com